Cordula Heckmann
Heike Wolter

GEBT DIE KINDER NIE AUF!

Was wir am Beispiel der Rütli-Schule über Bildung lernen können

GEBT DIE KINDER NIE AUF!

CORDULA HECKMANN
HEIKE WOLTER

Was wir am Beispiel der Rütli-Schule über Bildung lernen können

INHALT

Bubble Trouble –
Rütli und kein Ende

Es ist ein eiskalter Morgen an einem der letzten Tage des Jahres 2021. Meine Schritte knistern ein wenig, als ich über den Campus laufe – meinen Campus. Am Eingang steht: Campus Rütli – CR². Ich passiere den Jugendtreff, die Turnhalle, das alte zweiflügelige Gebäude, in dem ich vor mehr als 20 Jahren als Lehrerin ankam, den Neubau, der irgendwann der Grundstufe gehören soll. Bevor ich rechts zum Stadtteilzentrum abbiege, lasse ich meinen Blick über die Werkstätten und das Außengelände schweifen.

Manchmal denke ich in solchen Momenten an den kleinen, behüteten Ort in der Pfalz, wo ich meine ersten Lebensjahre bei meiner Großmutter verbrachte. Dann spüre ich, wie weit der Weg nach Berlin-Neukölln für mich war. Nach Neukölln, diesem bunten, vielfältigen, schwierigen Ort mit seiner bewegten Geschichte und seinem kämpferischen Geist.

Mein Blick fällt auf die im Boden eingelassenen bronzefarbenen Sterne: ein Star Walk, der ganz in der Hand der Kinder und Jugendlichen des Campus Rütli liegt. Ich schmunzele, denn nicht nur die Friedensnobelpreisträgerin Malala Yousafzai wird dort geehrt, sondern auch der Youtuber Julien Bam.

Im Stadtteilzentrum will ich heute weiter an meinem Buch arbeiten. Obwohl ich in den Jahren ab 2006 unzählige Male über die Rütli-Schule, das Campusprojekt und meine Ideen für gute Schule gesprochen habe, weiß ich: Es braucht mehr als den flüchtigen Nachhall eines Interviews, um zu zeigen, wie CR² ein Vorbild für bessere Bildung in Deutschland sein kann. Meine Motivation lässt sich kurz zusammenfassen: Das, was auf dem Campus Rütli getan wird und was ich in die Welt tragen möchte, ist weder naiv noch romantisch – es ist notwendig.

Und deswegen frage ich mich mit Blick auf das deutsche Bildungssystem von Jahr zu Jahr dringlicher: Haben wir denn gar nichts gelernt in den letzten Jahren?

Gewiss, das Wording hat sich geändert. War Gerhard Schröder 2005 noch der Meinung, Deutschlands Lehrer:innen seien »faule Säcke«, rief Angela Merkel 2015 die »Bildungsrepublik« aus, und 2020 wurden Politiker:innen nicht müde zu betonen, Kinder hätten in der Pandemie oberste Priorität. Allein die Realität sah und sieht anders aus.

Bekanntlich ist Einsicht der erste Schritt zur Besserung, und das bedeutet, ehrlich zu fragen: Was läuft schief an deutschen Schulen? Eine erste, kurze Bestandsaufnahme gelingt mit den aktuellen OECD-Daten: Noch immer ist Bildungserfolg in Deutschland maßgeblich abhängig von der sozioökonomischen Herkunft, Schüler:innen mit Migrationshintergrund sind ebenfalls benachteiligt. Die Schulabbrecher:innenquote liegt in Deutschland höher, die Bildungsausgaben hingegen liegen niedriger als im OECD-Durchschnitt. Über die OECD-Statistik hinaus ist klar bewiesen: Es herrscht – mit großen regionalen und schulartspezifischen Unterschieden – ein eklatanter Lehrkräftemangel. Ebenso fehlen Verwaltungskräfte und Sozialarbeiter:innen. Standardisierte Tests sollen Vergleichbarkeit erzeugen und bilden die Wirklichkeit der einzelnen Schule doch nur bedingt ab. Schulen erleben überwiegend wenig Eigenverantwortung. Das Stakkato der beunruhigenden Befunde ließe sich fortsetzen.

Mehr als alle diese Faktoren aber wirkt ein deutsches Bildungsprinzip, von dem der Abschied vielen noch immer schwerfällt: das gegliederte Schulsystem. Föderal zerklüftet, fein seziert in angebliche Leistungsstufen und viel zu wenig durchlässig – abgeschlossene Bubbles, die Begegnungen verhindern und es erschweren, voneinander zu lernen. Zum Nachteil all derer, die im Mittelpunkt unserer Bildungsbemühungen stehen sollten: unserer Kinder.

How to read

Vielleicht möchten Sie dieses Buch ganz klassisch lesen: von vorn nach hinten. Machen Sie das. Ich verspreche Ihnen eine Reise von der gegenwärtigen Bildungssituation in Deutschland zurück zur Erinnerung an die Rütli-Schule 2006 und weiter zur Veränderung mit der Entstehung des Campus Rütli. Dann kommen meine Ideen für zukunftsträchtige Schule.

Aber Sie können dieses Buch auch ganz anders lesen. Möglicherweise interessiert Sie vor allem, was ich Deutschland vorschlagen möchte in Sachen Bildung. Dann kommen Sie gut und gerne auch ohne den Vorbau zurecht und können sofort zu den 20 Forderungen "Rütli für alle" kommen. Falls Sie dort nicht wissen, wo Sie anfangen sollen: Die Takeaways ab Seite 187 ermöglichen einen raschen Überblick.

Egal, wie Sie es machen: Für die Lektüre gilt das Gleiche wie für mein Leben. Erfolg hat drei Buchstaben – TUN.

Deutschland – ein Brennpunkt in Sachen Bildung

Die Pandemie bringt es an den Tag

Die Sonne bringt es an den Tag, so hörte ich es als Kind manchmal in der Nachbarschaft. Mit dem mahnenden Unterton, schlimme Geheimnisse und verborgene Übel kämen definitiv irgendwann heraus. In Deutschland brachte es die Pandemie ab 2020 an den Tag. Sie hat gnadenlos offengelegt, was man vorher schon wissen konnte: Schule ist nicht systemrelevant.

Wer das liest, könnte jetzt einwenden: Stimmt nicht, auf der Liste systemrelevanter Berufe jedes Bundeslandes standen Lehrer:innen. Aber Systemrelevanz bedeutet mehr, als einen Passierschein zu bekommen, um die eigenen Kinder zur Notbetreuung anmelden zu dürfen oder zu müssen beziehungsweise freizügig pendeln zu dürfen. Es geht nicht nur um eine objektiv geleistete oder erwartete Sicherstellung der Grundfunktionen unserer Gesellschaft, sondern um Anerkennung. Damit ist gemeint, dass eine systemrelevante Tätigkeit im gesellschaftlichen Diskurs und bei politischen Maßnahmen berücksichtigt wird, dass die Arbeitsbedingungen der hohen Bedeutung entsprechen, die Bezahlung stimmt und man auch wertgeschätzt wird. Während das Finanzielle nicht das Problem ist, hapert es am Rest. Deshalb bleibe ich dabei: Schule ist nicht systemrelevant. Trotz aller gegenteiligen Beteuerungen von Bildungspolitiker:innen, trotz Konferenzschaltungen des zahnlosen Tigers KMK (Kultusministerkonferenz) alle paar Wochen, trotz Schulschließungs- und Schulöffnungsverpflichtungen jeweils mit dem Hinweis auf »das Beste für die

Kinder und Jugendlichen« – das bereits angeschlagene Schulsystem ist an Covid-19 schwer erkrankt.

In einer gefühlt unendlichen Mängelliste, die ich im Laufe der Pandemiemonate erstellen konnte, waren meine wichtigsten Aha-Momente die folgenden.

Erste Erkenntnis: Unserer Bildungssenatorin in Berlin und vielen anderen Kultusminister:innen ist es nicht gelungen, tragbare, praxisorientierte und verlässliche Lösungen in dieser Ausnahmesituation vernünftig umzusetzen. Die Bildung blieb in der Pandemie ein Spielball der Politik. Wir konnten uns entscheiden, ob wir die Bälle, die da angeflogen kamen, fangen wollten oder sie fallen ließen. Die Bälle wurden außerdem meist so kurzfristig gespielt, dass wir nur teilweise sinnvoll reagieren konnten. Stellen Sie sich vor, es gab Kolleg:innen, die große Berliner Tageszeitungen im Onlineabo bezogen, weil die Maßnahmen dorthin rascher kommuniziert wurden als an die Schulen direkt. Wenn Sie Freitagnachmittag wissen wollten, was ab Montagmorgen galt, dann zählte jede Stunde – und der Informationsvorsprung der Medien.

Zweite Erkenntnis: Deutschland hat ein Problem in Sachen Bildungsgerechtigkeit. Das war schon vor der Pandemie bekannt. Doch nun ließ es sich nicht mehr unter dem Deckel halten. Wo vorher lokale Aufwallungen als unschöne Einzelfälle deklariert und erschreckende Befunde zur gesamtgesellschaftlichen Bildungslage in Studien möglichst unauffällig untergebracht wurden, da wurde jetzt auch dem und der Letzten klar: In Deutschland ist das System der Hilfslehrer:innen aus dem Elternhaus flächendeckend etabliert und eingepreist. Was nach Routine klingt, ist alles, nur nicht das. Vor allem ist es eine Zumutung. Es ist der beschämende Hinweis darauf, dass Kinder und Jugendliche in Deutschland oft egal sind. Achselzuckend wird hingenommen, dass sich Bildungserfolg an der Herkunft bemisst. Und dabei wird viel zu häufig auf die mit dem Finger gezeigt, die gar nicht zuständig sind dafür: Eltern haben teils weder die Fähigkeiten und grundsätzlich auch keinerlei Verpflichtung, im Zweitjob Schule zu verantworten. Das ist eine gesellschaftliche Aufgabe für ausgebildete Fachkräfte – die entsprechende Rahmenbedingungen brauchen. Und an diesen mangelte es entscheidend, als die Schultür ins Schloss fiel und alle plötzlich in den eigenen vier Wänden saßen.

Dritte Erkenntnis: Das wichtigste – und in den Familien meiner Schule meist das einzige – digitale Medium ist das Handy. Nur dieses Gerät besitzen alle Schüler:innen, und nur dieses können sie sicher bedienen. Schule ist damit bisher abwehrend umgegangen. Handys sind schulisch fast immer Gegenstand der Hausordnung, in der Handyverbote unterschiedlichen Ausmaßes festgelegt sind. Als Mittel fürs Lehren und Lernen spielten sie vor der Pandemie keine Rolle. Allen Bemühungen der Schule, das Handy in der pandemischen Situation aus der Schmuddelecke zu holen, wurden rasch Grenzen gesetzt. Mit WhatsApp hätten wir zwar die meisten Kinder und Jugendlichen erreicht, aber das ließen (und lassen) die Datenschutzvorgaben nicht zu. Der Datenschutz holte uns auch bei vielen anderen marktüblichen Angeboten zur Kommunikation ein. Zusammenfassend kann ich sagen: Was ging, war nicht erlaubt. Die hektisch von den Kultusministerien zusammengestöpselten Kommunikations- und Lernplattformen wiederum waren erlaubt, aber gingen nicht.

Vierte Erkenntnis: Die Probleme der technischen Ausstattung auf allen Seiten sind noch komplexer. Bei Schüler:innen mangelte es an zusätzlicher Ausstattung – einen Drucker hatte fast niemand. Dazu stellten wir fest, dass die meisten von ihnen nicht mit grundlegenden Funktionen der Textverarbeitung vertraut sind. Ein Dokument ausfüllen, abspeichern, versenden? Alles Fehlanzeige. Von der Fähigkeit, Inhalte aus anderen als schulischen Quellen kritisch zu prüfen, spreche ich da noch gar nicht. Und auch nicht von den Wohnverhältnissen vieler Kinder und Jugendlicher. Wer sich zu sechst in einer Pandemie nicht nur 80 Quadratmeter, sondern auch den Internetzugang teilt, der wird keine ideale Lernsituation vorfinden. Für mein Team und mich hieß das: Folgen wir den Anweisungen oder schaffen wir schülergerechte Lösungen? Die Antwort war ganz klar, und sie ist glasklar zu begründen: Im Vordergrund steht das Kindeswohl. Und ob das gegeben ist, kann ich nicht feststellen, wenn ich Schüler:innen über Wochen nicht erreiche. Aber das Instrumentarium war begrenzt. Hier half nur: Ärger runterschlucken und kreativ werden. Am Campus haben wir im ersten Lockdown sehr regelmäßig kleine Gruppen von Schüler:innen einbestellt – um sie kurz zu sehen und im persönlichen Kontakt zu bleiben, um Materialien auszutauschen und Probleme anzusprechen. Viele Kolleg:innen haben ausufernd telefoniert und so oft tägliche Begegnungen ermöglicht. Trotz aller Widrigkeiten rund um die mangelhafte technische Ausstattung haben sie so die Kinder und Jugendlichen durch diese sehr fordernden Zeiten begleitet – sie haben getan, was notwendig war.

Fünfte Erkenntnis: Auch an den Schulen lief es technisch bestenfalls unrund und schlimmstenfalls gar nicht. Wie in vielen Schulen hatten wir das Glück, dass eine kleine Gruppe von Lehrkräften rasch unkonventionelle Lösungen entwickelte und uns informierte, worum wir uns kümmern mussten. Die erste Aufgabe lautete, die Schule überhaupt einmal ans Netz zu bringen. Natürlich haben wir vorher schon digital gestützten Unterricht gemacht. Computerraum und einige Smartboards waren vorhanden. Wenige Router versorgten die Räume mehr schlecht als recht. Manchmal schalteten Lehrer:innen ihre eigenen Hotspots frei, damit Schüler:innen etwas recherchieren konnten. Eigentlich undenkbar. Bei dem nun benötigten Maß an Netzabdeckung und -anbindung, an Hard- und Software kamen wir jedoch rasch ans Ende der Fahnenstange. Wir schlossen die Schule zu und fuhren jede:r nach Hause, um mit stabiler Verbindung an den Videokonferenzen teilnehmen zu können. Die irgendwann gelieferten Tablets für jede Lehrkraft trafen nach einer langen Phase der Pandemie auf ein völlig überlastetes System mit erschöpften Lehrkräften. Das Aufspielen eigener Programme war und ist bei den Tablets schwierig, die Kompatibilität zu anderen Geräten unzureichend. Und so ist es nicht verwunderlich, dass die Lehrer:innen die Tablets nicht in dem Umfang nutzen, wie es die Senatsverwaltung erhofft hatte. Enttäuschend, aber nachvollziehbar.

Und die sechste Erkenntnis: Ich habe – und diesen Luxus hat kaum eine andere Schule – eine Verwaltungsleiterin. Trotzdem bedeutete die Pandemie stundenlange Verwaltungstätigkeiten. Ich führte endlose Telefonate mit den verschiedenen Gesundheitsämtern und der Schulverwaltung, ich schrieb Schülerlisten, beantragte Lüfter und weitere Geräte zur besseren digitalen Vernetzung.

Letztlich hat mich – das mag überraschend klingen – die Zeit der Pandemie häufig an das Jahr 2006 erinnert. Die Pandemie als virengetränkter Brandbrief. Und ich befürchte, es ist das Gleiche wie damals passiert: schneller Aktionismus, oberflächliches Kaschieren. Und dann: Vergessen.

Seien wir ehrlich: Schulen sind in herausfordernden Lagen nebensächlich. Kinder und Jugendliche haben keine große Lobby. Weder sie noch ihre Eltern sind ein bedeutsames Wählerpotenzial. Das ist die nüchterne Erkenntnis.

Können wir uns 16 Schulsysteme leisten?

In den 16 deutschen Bundesländern gibt es in der Sekundarstufe I heute 17 Schulformen. Klingt wahnsinnig, ist es auch. Dabei sind gleiche Schulformen nicht einmal gleich benannt – was hier Mittelschule genannt wird, ist woanders die Hauptschule und am anderen Ende Deutschlands in die Sekundarschule integriert. Und es kommt noch schlimmer: Ein Kind, das in Bayern die fünfte Klasse des Gymnasiums besucht und nach Berlin umzieht, findet sich womöglich bis zum Ende der Jahrgangsstufe sechs in der Grundschule wieder. Von den unterschiedlichen Inhalten, Schwerpunktsetzungen und womöglich auch Anforderungen bis zum Abitur gar nicht zu sprechen. Gerade Letztere haben einen wichtigen Einfluss auf die Berufs- und Studienaussichten.

Wenn ich frage »Können wir uns 16 Schulsysteme leisten?«, dann frage ich zugleich nach Grundüberzeugungen. Welche Gesellschaft soll sich in unserem Bildungssystem spiegeln? Wer wollen wir sein?

Aber von vorn: Was meinen Sie, warum wir in Deutschland ein föderales Bildungssystem haben? Wer sich an kürzer zurückliegende Diskussionen insbesondere nach dem PISA-Schock erinnert, dem wird das Wort von der Wettbewerbsfähigkeit im Kopf herumspuken. Wettbewerb macht besser –

das klappt schließlich auch in der Wirtschaft. Oder etwa nicht? Wer länger zurückgeht, denkt an die Wurzeln Deutschlands in einem hochgradig zersplitterten Reich, in dem jeder kleine Fürst seine eigenen Vorstellungen hatte. Nicht falsch, aber auch nicht der Grund. Das föderale Bildungssystem haben wir den Folgen des Nationalsozialismus zu verdanken. Eine Konzentration von Macht an der Spitze des Staates sollte nach dem Willen der Alliierten zukünftig vermieden werden. So entstanden die Bundesländer, fast so wie wir sie heute kennen.

Der Föderalismus ist im Grundgesetz festgeschrieben. Er bedeutet, dass der Bund und die Länder unterschiedliche Kompetenzen haben und Entscheidungshoheiten verteilt sind. Wenn es darum geht, warum das gut ist, heißt es immer wieder: Das föderale System sei bürgernäher, gehe mehr auf regionale Spezifika ein. So könne die landestypische Kultur bewahrt bleiben, gleichzeitig seien kleinere Einheiten experimentierfreudiger.

Das mag theoretisch alles richtig sein. Doch in der Realität geht die Politik nicht landesweit auf Spezifika ein, sondern Passgenauigkeit wird bestenfalls an der konkreten Schule erzeugt. Das ist ja auch klar: Ein Zehlendorfer Gymnasium und die Neuköllner Gemeinschaftsschule auf dem Campus Rütli haben ebenso viel oder wenig gemeinsam wie eine zwergenkleine nordfriesische Halligschule und ein Münchner Riesengymnasium.

Sicher sind manche Anforderungen nicht zentral lösbar. Andere werden jedoch auch föderal nicht besser angepackt. In der Frage geht es, ausgehend vom Istzustand, also um die Tücken des Föderalismus. Doch föderal gegen zentral zu setzen kann nur ein Teil der Diskussion sein. Mehr noch geht es um die Fallstricke der Bildungspolitik.

Den wichtigsten Fallstrick kennen Sie aus den Nachrichten, insbesondere in den Zeiten der Pandemie. Dort konnten wir hören, wie Kinder gebetsmühlenartig als das Wichtigste bezeichnet wurden und Schulen als gesellschaftlich unverzichtbare Integrations- und Sozialisationsorte, ohne die ein gesundes Aufwachsen praktisch nicht möglich ist. Doch zwischen Reden und Tun lagen, wie so oft, Welten. Am Politiker:innensprech irritiert mich am meisten, dass bei (fast) jeder Wahl die Bedeutung der Bildung mit den immer gleichen Schlagworten betont wird. Da hören wir dann kurzzeitig von der Bedeutung der Wissensgesellschaft in einem Land ohne entscheidende Rohstoffvorkommen, von der Wichtigkeit des gesellschaftlichen Zusammenhalts und der Notwendigkeit von mehr Chancengerechtigkeit. Politiker:innen betonen, die Kinder seien unsere Zukunft. Nur um dann (fast) nichts für diese Zukunft zu tun.

Nach der Wahl gehen die großen Worte nämlich meist im Klein-Klein der Koalitionsverhandlungen unter. Bildung hat in Koalitionsverhandlungen keine große Bedeutung – sie hat keine Lobby. Wer an einer Schule arbeitet, kann angesichts der komplexen gesellschaftlichen Aufgaben, die in den Klassenzimmern anlanden, nur den Kopf schütteln. Ohne Medien- und Gesundheitserziehung, Umgang mit Mehrsprachigkeit, kultureller und religiöser Vielfalt sowie Inklusion wird es schwer mit einer zukunftsfähigen Gesellschaft. Doch das alles sollen die Schulen bitte schön allein leisten. Und werden damit überfrachtet. Insbesondere auch deshalb, weil die Politik für all diese Herausforderungen nur unzureichende Antworten findet.

Für die Politik ist Schule nicht der Ort der Erfüllung, sondern die Resterampe. Bei allem, was noch kommen müsste, wird reflexartig auf die Schulen verwiesen. Deutschland ist noch nicht fit für die digitale Zukunft? Kein Problem, der Digitalpakt wird's richten. Aber: Es wird erwartet, dass die einzelnen Schulen individuelle Konzepte entwickeln, im besten Fall solche, die sich als Best Practice eignen. Neben der Tatsache, dass dafür Zeit und Kompetenz in multiprofessionellen Teams vorhanden sein müsste, liegen die Probleme tiefer. Die Politik lebt selbst nicht das, was sie fordert. Und überfordert die Schulen mit ihrem hingeworfenen »Ihr werdet's schon machen«.

Seien wir ehrlich: Das Bildungsministerium ist kein Gewinner:innenressort. Im Bund führt das fragmentierte Bildungssystem zu geringen Einflussmöglichkeiten der Bildungsministerin (seit 1998 wird das Bildungsministerium stets von Frauen geführt, zuvor waren es mit Ausnahme von Dorothee Wilms allein Männer). Da muss die Amtsinhaberin schon einiges mitbringen, um sich zwischen den anderen Ressorts Gehör zu verschaffen. Sie muss Generalistin sein, um sich zu vielen Themen zu äußern, die Bildung direkt und indirekt betreffen. Sie muss eine harte Verhandlerin sein, um Bildung als Angelegenheit einer untergeordneten Wähler:innengruppe auf die Tagesordnung zu setzen. Und sie muss um Ressourcen kämpfen können. Das alles gelingt am besten mit einer von einer breiten politischen Mehrheit getragenen zukunftsorientierten Bildungsvision.

Die gibt es aber schon deshalb nicht, weil die Bildungspolitik ein Spielball der Parteien ist – auf Bundes- und auf Länderebene. Politische Parteien müssen sich in ihren Programmen unterscheiden, um unterschiedliche Wähler:innengruppen anzusprechen. Für Schule ist das fatal. In jeder Legislatur neue

Bildungsvorstellungen umsetzen zu wollen, stört den Schulfrieden. Dass es anders geht, zeigt Finnland. Dort hat sich der Staat zu einer Bildungspolitik verpflichtet, die Schulen viel Eigenverantwortung gibt. Schulen sollen dort in der Größe überschaubar sein, multiprofessionelle Teams haben und sich an einem schlanken, an Kompetenzen und nicht an Inhalten ausgerichteten Lehrplan orientieren. Das Land verdeutlicht so: Wir wissen um die positive Wirkung von Klarheit, Ordnung und Stabilität.

Auch die Auswahl von Bildungspolitiker:innen funktioniert nicht qua Qualifikation und Kompetenz. Nein, da muss vielleicht aufgrund der Quote in jedem Fall noch eine Frau, aufgrund des Proporzes unbedingt noch jemand aus dem Bundesland A und aufgrund der Koalition noch eine Person aus der Partei B besetzt werden. Wenn Sie meinen, das sei nur im Bund so, denn die Kultusministerien der Länder hätten ja erhebliche Mitbestimmungsrechte im Bildungsbereich, dann haben Sie sich getäuscht. Die Unlust am Bildungsressort war auch bei der letzten Wahl in Berlin zu besichtigen. Kein etablierter Politiker, keine gestandene Politikerin wollte Bildungssenator:in werden. Jede:r dachte sich offenbar: Das bringt meine Karriere in der Politik nicht voran. Besetzt wurde schließlich Astrid-Sabine Busse, die der *taz* erzählte, sie habe sich um den Job nicht beworben, solle aber etwas bewegen. Was genau, ist womöglich noch nicht ganz klar. Bisher war für die nächsten fünf Jahre nur von der Verbeamtung der Lehrer:innen die Rede.

Persönlich würde ich mir für die Bildungspolitik wünschen, dass Kompetenz und Führungsstärke zukünftig immer häufiger in einer Person zusammenfinden. Denn es braucht beides:

das Wissen, die Fähigkeiten und Fertigkeiten auf der einen Seite und das Geschick, diese Inhalte zu multiplizieren und in der Fläche wirksam werden zu lassen, auf der anderen. Ansätze kompetenten Handelns gab und gibt es. Beim Campus Rütli habe ich mehrere Jahre mit dem Bildungssenator Jürgen Zöllner zusammengearbeitet. Der Mediziner konnte sich zu vielen Themen äußern und packte etliche Herausforderungen mit innovativen Ideen an. Die schleswig-holsteinische Bildungsministerin Karin Prien hat nach Beratungen mit zahlreichen Schulleiter:innen das Programm »PerspektivSchulen« in ihrem Bundesland aufgelegt und ihr Bildungsministerium als Querschnittsressort aufgestellt.

Solche Einzelerfolge können jedoch nicht über Probleme hinwegtäuschen, die aus fehlender Kompetenz und Kompetenzgerangel entstehen. In der Bildungspolitik gibt es ein ausgesprochenes Bewusstsein für wohllautende Floskeln – und wenig Energie für die Tücken der Umsetzung. So bleibt allzu oft alles beim Alten und wird nur in neuen Politiker:innensprech gekleidet. Rivalitäten zwischen Bund und Ländern führen schlimmstenfalls ins Chaos. An und für sich sind die Kompetenzen von Bund und Ländern klar definiert. Daran wollen insbesondere die Landesfürst:innen auch nicht rütteln.

Man denke nur an die endlosen Diskussionen um den Digitalpakt. Einige Ministerpräsident:innen gingen damals sogar so weit, dass sie lieber auf das Geld aus der Vereinbarung verzichten wollten, als sich vom Bund in irgendeiner Weise in ihre Schulpolitik hineinreden zu lassen. Das müssen Sie sich vorstellen: Da werden fünf Milliarden Euro bewilligt. Erst wird monatelang gestritten, ob dafür das Grundgesetz geändert werden kann, weil der Bund nur auf diese Weise zentraler Geldgeber mit Mitbestimmungsrecht über die Ausgaben sein kann. Im Mai 2019 ist es dann endlich so weit: Er darf. Im März 2020 melden die Medien, noch immer hätten vier Bundesländer gar keine Mittel abgerufen, in weiteren ginge es schleppend voran. Kein Wunder, der jeweilige Schulträger muss ein Medienbildungskonzept vorweisen (eine an die Schulen weitergereichte Aufgabe) und die grundlegende Infrastruktur (Breitband und alles Weitere) bereitstellen. Und natürlich sind es die Schulen in schwierigen Lagen, die die wenigsten personellen und strukturellen Ressourcen haben, um das zu stemmen. Zusammengefasst: Bundesprogramme wie der Digitalpakt klingen beeindruckend, doch bis sie in den Schulen und bei den Kindern ankommen, ist es ein langer und steiniger Weg. Wer tatsächlich die Kinder im Blick hat, müsste sich angesichts dieses Irrsinns fragen, wie Bund und Länder besser zusammenarbeiten können und ob bei dieser und anderen Fragen eine stärkere Beteiligung des Bundes nicht dringend geboten wäre.

Ob es sich um den Digitalpakt, die Beschaffung von Luftreinigungsgeräten oder um die Implementierung des Ganztagsschulprogramms (noch aus der Amtszeit von Edelgard Bulmahn) handelt, es stellen sich immer die gleichen Probleme. Das Geld wird vom Bund zur Verfügung gestellt, verbunden mit Vorgaben. Das Abrufen der Gelder und die Umsetzung der Vorgaben liegen überwiegend beim Schulträger, also bei den Kommunen. Die Abstimmungsprozesse zwischen der Kultusbehörde und den verschiedenen Schulträgern sind oft ein schwieriger Bürokratieakt. Es gibt zu wenig oder zu wenig qualifiziertes Personal, dazu häufige Personalwechsel, die mit Wissensverlust und allen anderen Problemen der Diskontinuität einhergehen. Bisweilen geht das so weit, dass die Gelder nicht rechtzeitig abgerufen werden und dann verloren gehen. Das alles lässt uns Schulen verzweifeln. Zuallererst aus Frust, unserer Berufung nicht nachgehen zu können. Darüber hinaus verschlingt der Dienstweg vom Bund über die Länder in die Kommunen bis zur jeweiligen Schule Unmengen an Geld und Zeit. Und auf der untersten Ebene verschlingt er Lehrer:innenstunden, die sowieso schon fehlen.

So ist es nicht möglich, an der einzelnen Schule umzusetzen, was geboten wäre. Bildungspolitik gehört am besten unter ein – meinetwegen auch föderales – Dach, in dem gilt: E pluribus unum – aus vielen eines. Dieses Eine ist eine Bildungspolitik, die Bildungsgerechtigkeit für jede:n Einzelne:n in den Mittelpunkt stellt.

Der Fisch stinkt vom Kopf

Wenn Sie wirklich Aufmerksamkeit und Begleitung wollen, müssen Sie es schlecht machen. Stellen Sie sich diesen Satz einmal in einem Wirtschaftsunternehmen vor. Undenkbar, oder? Genau so aber funktioniert Schulverwaltung auf der obersten politischen Ebene. Denn das wichtigste Ziel auf der politischen und damit auf Verwaltungsebene ist Ruhe und Konfliktvermeidung.

Bei der Schulverwaltung auf der Senats- oder Ministeriumsebene handelt es sich um eine Behörde, in der sich Politik und Administration begegnen. Es gibt strategische Überlegungen und operatives Handeln. Wie im Eisenhower-Prinzip eindrücklich beschrieben, überlagern dringende Aufgaben oft die wichtigen. In der Schulverwaltung wird Dringlichkeit durch Presseverlautbarungen ausgelöst.

Denken wir uns einen beliebigen Tag in der Verwaltung. Morgens geht noch alles seinen gewohnten Gang, am Nachmittag melden erste Zeitungen einen antisemitischen Vorfall: Ein jüdischer Junge wurde von Mitschüler:innen antisemitisch beschimpft. Nun muss schnell gehandelt werden. Die Presse wird eine Stellungnahme erwarten. Da geht es darum, aufzuzählen, was man bereits alles gegen diese Missstände tut, am besten ergänzt durch konkrete Maßnahmen für die akut betroffene Schule. Das System ist in seinem Element: Ein Problem taucht auf, die Verwaltung hat umgehend reagiert und eine runde Antwort gegeben. Jeder kann sehen: Es wird sich gekümmert.

Diese reaktive Logik lässt aber außer Acht, dass gute Lösungen üblicherweise weder im Akutfall noch fragmentarisch entstehen. Singuläre Probleme zu lösen mag an der einen oder anderen Stelle unvermeidlich sein, sinnvoller ist aber: weg vom Aktionismus, hin zu strategischer Arbeit an den wirklichen Problemen.

Auf der obersten Ebene der Bildungsverwaltung fehlt es nicht an der Identifikation von Schlüsselproblemen: abgehängte Schulen, viele Schulabbrecher:innen, unbefriedigender Umgang mit sozialer, kultureller und religiöser Vielfalt, Abhängigkeit des Bildungserfolgs von sozialer Herkunft. Wohl aber fehlt es an klugen, kohärenten, gut kommunizierten und auf Längerfristigkeit angelegten Strategien, diese Herausforderungen anzugehen. Diese Themen werden uns auf den nächsten Seiten aus dem einen oder anderen Blickwinkel ständig begegnen. Es sind eben jene Schwierigkeiten, die immer wieder aufploppen. Aufploppen bedeutet hier: Aus dem permanenten Schwelbrand wird ein loderndes Feuer. Und das muss natürlich gelöscht werden. Zielführender wäre allerdings eine Brandschneise, die das Schwelen verhindert.

Dafür wäre es von zentraler Bedeutung, die Schlüsselprobleme intensiv anzuschauen. Das gelingt aber nur schlecht an einem Ort, an dem die Devise gilt: Wo Probleme auftauchen, macht jemand seinen Job schlecht. Denn das Ziel, Ruhe zu bewahren, verhindert einen gepflegten Diskurs über eine gut überlegte und abgestimmte Prozessplanung, die die strategischen Überlegungen zügig umsetzt.

Dieser Diskurs ist in die Behörden-DNA nicht unbedingt eingeschrieben. Bei allen regionalen Unterschieden und dem unvermeidlichen Verweis auf individuelle Ausnahmen lässt sich festhalten: Mitarbeiter:innen der Schulverwaltung werden aus dem Schuldienst rekrutiert. Es gibt darunter Menschen, die aus unterschiedlichsten Gründen den Arbeitsplatz Schule verlassen, weil sie sich (zu Recht) bessere Karrieremöglichkeiten erhoffen oder weil sie den direkten und manchmal herausfordernden Kontakt zu Schüler:innen vermeiden möchten. Wichtigste Voraussetzungen für eine Annahme in der Verwaltung sind eine (mindestens formal) fachliche Expertise und die Bereitschaft, bei der Erledigung zugewiesener Aufgaben verlässlich Vollzug zu vermelden.

Vollzug ist aber oft nicht genug. Ein gutes Beispiel dafür ist die Besetzung von Schulleiter:innenstellen. Diese Stellen müssen oft lange ausgeschrieben werden, weil sich niemand um den Job reißt. Wenn die Leitung einer Schule nicht besetzt ist, gehen Eltern auf die Barrikaden, und die Presse hat ein gefundenes Fressen. Daher hat eine rasche Stellenbesetzung oberste Priorität. Um jede:n Bewerber:in ist man froh und, schwuppdiwupp, Problem gelöst. Genommen wird oft, wer die Hand gehoben hat. Ob die Person fachlich und, noch viel wichtiger, persönlich geeignet ist, spielt dabei nicht immer eine Rolle. Und das ist fatal. Nicht nur für die Verwaltung und die Schule, sondern auch für den Menschen, der vielleicht mit viel Idealismus, womöglich aber auch mit vollkommen falschen Vorstellungen sein Amt antritt und dann im Alltag scheitert.

Selbst die obligatorische Schulleiter:innenausbildung hilft hier kaum weiter. Sie vermittelt teilweise Wissen, das sich ein lernendes Wesen problemlos selbst aneignen kann, aber zu wenige persönliche Kompetenzen, die zum Gelingen von Schule beitragen. Extern gebuchte Koryphäen in der Ausbildung arbeiten oft nicht zielgruppengenau, reden an den Bedürfnissen zukünftiger Schulleiter:innen vorbei. Und Unterstützungssysteme für den Schulleiter:innenalltag sind oft fragmentiert. Die verschiedenen Systeme wissen meist nicht voneinander, bisweilen bestehen Konkurrenzen. So werkelt jedes Unterstützungssystem mehr oder minder erfolgreich vor sich hin. Ein Austausch ist nicht vorgesehen – alle Bemühungen bleiben für sich und gelungene Beispiele ohne die gewünschte Verbreitung.

All das ist hinlänglich bekannt, für Berlin beispielsweise durch den Köller-Bericht, den die damalige Bildungssenatorin Sandra Scheeres in Auftrag gegeben hatte. Ausgehend von ihrer Beobachtung, dass das Land mehrere Jahre zusätzliche Ressourcen ins Bildungssystem eingespeist, aber damit keine messbaren Leistungsverbesserungen erzielt hatte, war Anfang 2019 eine wissenschaftliche Expertenkommission eingesetzt worden. Der Abschlussbericht im Oktober 2020 legte den Finger in die Wunde. Es brauche »einen noch stärkeren

Fokus auf Verbindlichkeit, die Nutzung leistungsbezogener Daten sowie die passgenaue Fortbildung [der] Lehrkräfte«.

Doch bis dahin ist es ein weiter Weg. Die ersten Schritte wurden gemacht, jedoch vor allem auf der Ebene des Delegierens. Schulleiter:innen sollen die Lehrqualität engmaschiger kontrollieren und die Ergebnisse regelmäßig in dienstlichen Beurteilungen festhalten. Dass diese Einschätzungen der Schulverwaltung über ein digitales System gemeldet werden sollen, das seit längerer Zeit technisch nicht funktioniert, bleibt dabei unberücksichtigt.

Derlei Beispiele gibt es vielfach. Das Grundproblem lässt sich auf den Punkt bringen: Die hehre Bildungsvision der Schulverwaltung klingt gut. Laut dem auf geduldigem Papier verfassten Rahmenlehrplan kümmern wir uns in den Schulen um Pluralität, Anschlussfähigkeit und Teilhabe. Das sind alles sinnvolle Ziele. Doch diese finden sich nicht in den strategischen Entscheidungen der Behörde wieder, die oft überfordert wirkt und sich auf ein kleinstes gemeinsames Ziel geeinigt hat: nur kein Aufruhr.

Mit der Schulverwaltung haben wir Schulleiter:innen direkt wenig zu tun. Entscheidender ist für uns die Schulaufsicht. Dabei handelt es sich um die Kontrollinstanz, die das operative Handeln von Schulen in einem Sozialraum begleiten und steuern soll. Was bereits auf der übergeordneten Verwaltungsebene problematisch ist, wiederholt sich hier: Oft sind Entscheidungen vom Wunsch nach Konfliktvermeidung getragen.

Die Schulaufsicht kann unterschiedlich organisiert sein. Mitarbeiter:innen können für eine bestimmte Schulart innerhalb eines Gebiets zuständig sein oder für einen bestimmten

Sprengel mit allen darin befindlichen Schulen. Für Ersteres spricht die bei Dienstantritt vorhandene Fachkompetenz – Mitarbeiter:innen, die aus der entsprechenden Schulart kommen, haben die entsprechenden Ordnungen und Vorgehensweisen seit Jahren »eingeatmet«. Die Sprengelorientierung hat den Vorteil, dass Schulen als Teil des gesellschaftlichen Raums wahrgenommen und aufgrund der sozialen Zusammensetzung im Sprengel gemeinschaftlich betrachtet werden. Trotz leichter Verschiebungen hin zum Sprengelmodell herrscht in Deutschland verbreitet noch die Auffassung: Eine Grundschullehrerin kann in der Schulaufsicht nicht über Gymnasien befinden. Warum eigentlich nicht?

Hinzu kommt: Verwaltung kann sich gerade auf der operativen Ebene sehr verschieden verstehen. Ich habe selbst kurze Zeit bei der Schulaufsicht gearbeitet. Dabei war ich für fünf Schulen zuständig. Nach kurzer Zeit fand ich, dass ein regelmäßiger Austausch über Gelingendes und Problematisches zwischen diesen Schulen gut wäre. Schließlich bildet die Schulaufsicht doch das Bindeglied zwischen Senatsverwaltung und Schule. Wie sonst sollte klar werden, wo der Schuh drückt oder was andere wissen sollten, um ähnlich erfolgreich zu werden? Diesen Gedanken habe ich allerdings nicht weiterverfolgt, da ich rasch feststellte, dass ich mich in Schulluft freier fühle. Manche Lehrer:innen – das sind die Mitarbeiter:innen der Schulaufsicht nämlich oft – treffen aus den verschiedensten Gründen die Entscheidung, sich beruflich doch lieber den Paragrafen zu widmen. Ich habe in meinem langen Berufsleben mit vielen Schulaufsichtsbeamt:innen zusammengearbeitet. Einige von ihnen haben das Amt mit großem Engagement und viel Umsicht wahrgenommen. Dafür war ich immer dankbar. Andere wiederum haben den Missstand verwaltet, anstatt ihm abzuhelfen.

Dabei darf man nicht vergessen, dass scheinbar stinklangweilige Verwaltungsentscheidungen eben doch Richtungsentscheidungen sind. Wenn Freitag ab eins jede:r seins/ihrs macht, hat ab diesem Zeitpunkt niemand mehr eine Begleitung. Wenn mit einem Achselzucken verkündet wird, dass leider kein Geld für ein sinnvolles Projekt vorhanden ist, dann muss die Schule verzichten. Wenn der Job von Mitarbeiter:innen in der Schulverwaltung so arbeitsintensiv ist, dass die Zeit kaum reicht, alle Aufgaben zu erledigen, dann bleibt kein Spielraum für Neuerungen und Veränderungen. So gewinne ich aber keine Menschen, die die Bildungswelt verändern wollen und können.

Es ist gut, dass Verwaltungsmitarbeiter:innen und Lehrer:innen über einen gesicherten arbeitsrechtlichen Status verfügen. Die Frage ist aber: Wo in diesem System finden sich engagierte und leidenschaftliche Menschen wieder? Diese Frage zu stellen ist wichtig, denn das sind die Menschen, die wir für die Bildungseinrichtungen als Partner:innen brauchen, um den unterschiedlichen Bedarfen der Kinder und Jugendlichen gerecht werden zu können.

Leistung lohnt sich im Bildungssystem auf keiner Ebene. Als Schulleiterin werde ich im Wesentlichen genauso bezahlt wie ein Fachbereichsleiter. Nur dass der am Wochenende Ausflüge machen kann, weniger Verantwortung trägt und sich nicht ständig öffentlich rechtfertigen muss. Vielleicht ist er – genau wie ich – jemand, der seinen Beruf als Berufung empfindet. Aber das bleibt dem Zufall überlassen. Leistung ist Privatvergnügen. Gerade die Arbeit von Schulleiter:innen ist isolierend und wird wenig wertgeschätzt. Selbst der Austausch mit Kolleg:innen in der gleichen Situation geschieht oft nur sporadisch und meist auf Eigeninitiative. Inzwischen werden von meiner zuständigen Schulverwaltung regelmäßige Meetingformate angeboten – eine Folge der Pandemie. Das ist gut. Doch das gibt es leider nicht flächendeckend, sondern ist dem persönlichen Engagement meiner Schulaufsicht zu verdanken.

Auf Schulleitungen wartet eine maximale Aufgabenbreite. War der Job als Primus inter Pares schon vor 20 Jahren eine Fulltimeangelegenheit, so ist er heute eine tages- und manchmal nachtfüllende Beschäftigung, die mit erheblich mehr Aufgabenfeldern und Befugnissen ausgestattet ist. Als jemand, die immer an vorderster Front steht, habe ich eine richtungsweisende Funktion. Zeigt sich meine Schulaufsicht als hilfreich, gibt mir das die Freiheit, meine Schule sinnvoll zu organisieren. Nämlich so, dass die Ziele, die wir dort vereinbart haben, erreicht werden können.

Darüber hinaus muss ich Verantwortlichkeiten festlegen, Aufgaben verteilen, Teams bilden, kommunizieren, organisieren. Allzu oft kümmere ich mich aber auch um Nebensächlichkeiten. Erst kürzlich wurde beispielsweise ein digitales Zeugnisformular bereitgestellt, das nicht funktionierte. Ich telefonierte mich durch, um herauszufinden, wie eine Lösung aussehen könnte. Es stellte sich heraus: Das für Schulen verpflichtende Betriebssystem Windows 10 und das in der Verwaltung gebräuchliche Betriebssystem waren nicht kompatibel. Da die Zeit drängte, bauten engagierte Kolleg:innen an der Schule das Formular nach. Schließlich brauchten die Schüler:innen Zeugnisse. Dieses Problem trat an vielen Berliner Schulen auf, und die einzige Antwort der Verwaltung lautete: »Da können wir nichts machen.« Das Beispiel zeigt, dass an vielen Stellen vieles falschläuft: In der Senatsverwaltung, in der ein:e ehemalige:r Pädagog:in die Aufgabe bekommt, ohne jegliche Kundenorientierung ein Formular zu programmieren. Am gleichen Ort, wo auf Kritik mit »Was nicht geht, geht nicht« reagiert wird. In der Schulaufsicht, wo die Schulrät:innen keine etablierte Kontaktmöglichkeit zur Senatsverwaltung haben und auf eine Behörde treffen, die auf gar keinen Fall rasch reagiert.

Aber auch Schulleitungen arbeiten nicht stets erfolgreich. Sie erinnern sich, was ich über die Auswahl von Schulleiter:innen schrieb. Zu oft ist der Prozess von der Entscheidung für den einzigen oder die einzige Bewerber:in statt durch Bestenauslese geprägt. Damit man mich nicht falsch versteht: Es kann sich um großartige Menschen handeln. Bestenauslese bedeutet aber: Es gibt mehrere Bewerber:innen, die über unterschiedliche Kompetenzen verfügen, und es wird die Person ausgewählt, die für die Stelle am besten geeignet ist. Dazu muss klar sein, was die Stellenbeschreibung beinhaltet.

Als Schulleiter:in kann man sich – entgegen aller Vermutungen – nicht durchwurschteln. Sonst macht die Schule das Gleiche. Es braucht ein Mission Statement, eine klare Zielbestimmung. Wer will ich sein? Diese Idee sollte mit dem Leitbild der Schule korrespondieren. Und zwar sowohl mit dem nach außen über Profilbildung und eigene Verlautbarungen kommunizierten Leitbild als auch mit dem nach innen gelebten.

Dann braucht es den Willen, weiter zu lernen. Das muss – die Gründe habe ich schon erklärt – unbedingt über die teils wenig an den realen Herausforderungen orientierte Schulleiter:innenausbildung hinausgehen. Es gibt Formate, die hilfreich sind. Ich habe beispielsweise im Lauf der Zeit in der pädagogischen Schulentwicklung, in der Zusammenarbeit mit einer Unternehmensberatung, die Schulleiter:innen zu Buddys für junge Schulleiter:innen ausgebildet hat, wie auch im Diskurs mit Schulleiterkolleg:innen viele Impulse erhalten.

Am wichtigsten aber ist, Schulleiter:innen mit einem passenden Persönlichkeitsprofil auszuwählen. Eine Schule zu führen bedeutet, viele Friktionen auszuhalten und sie als förderlich zu begreifen. Natürlich darf und möchte ich Grundprinzipien nicht verlieren: Ich möchte gern mit Menschen gut sein. Ich möchte, dass sich Kolleg:innen wohlfühlen. Ich möchte gern jede:n sehen und hören. Aber ich muss – vollen Herzens – auch die Person sein können, die in der Beurteilung sagt: »Das war leider nur eine Vier.« Ich weiß genau, dass dieser im Dialog gesprochene Satz seinen Weg ins Kollegium finden wird. Das erzeugt einen erheblichen Binnendruck. Die Schulverwaltung erwartet eine normalverteilte Beurteilungsbreite, die Kolleg:innen an der Schule rechnen fest mit einer guten Beurteilung für ihre anstrengende Arbeit und lassen dabei teils irrelevante Kriterien (»So ein netter Kollege«) in ihre Mitbeurteilung einfließen. Als Schulleiter:in steht man zwischen allen. Darüber gibt es nichts zu klagen: Wer Everybody's Darling sein will, ist als Schulleiter:in an der falschen Stelle. Das muss in Auswahl und Ausbildung berücksichtigt werden.

Blicken wir noch einmal auf den Fisch, so wird klar: Das System ist von einem ungünstigen Grundgedanken getragen. Der lautet: Wer Dienst nach Vorschrift macht, kann nichts falsch machen. Kreativität und Innovativität werden damit nicht vollkommen unterdrückt, womöglich sind sie sogar ein Plus. Aber Nichtstun ist eben auch kein Versäumnis.

Der Untertan

Als ich zur Schule ging, gehörte »Der Untertan« von Heinrich Mann noch zu jedem Deutsch-Leistungskurs. Und mit ihm auch die Frage, was uns dieser Roman von 1914 für die Gegenwart sagt.

Ohne nun die ganze Bandbreite möglicher gesellschaftlicher, politischer und persönlicher Interpretationen aufzuspannen, begleitet mich das Buch auf eine subtile Weise. Dann nämlich, wenn ich mir die Mentalität ansehe, die das Schulsystem prägt.

Eigenständiges und kreatives Denken werden in diesem System oft als störend erlebt. Zumindest auf der Verwaltungsebene. Dort herrscht häufig das Gefühl vor, neue Ideen brächten lieb gewonnene oder auch nur Sicherheit bietende Routinen durcheinander. Ein typisches Lamento: »Wir arbeiten hier schon am Anschlag, und nun kommen Sie!« In diesem »Sie« schwingt alles Mögliche mit: Überforderung, Unwillen, Furcht.

Schließlich bedeutet jede Neuerung Verunsicherung – über die Rechtmäßigkeit, über Abläufe, über mögliche Folgen. Am besten zeigt sich das an konkreten Beispielen wie dem folgenden. Zum modernen Bildungsbegriff zählt die Vorstellung einer lebendigen Schule. Wenn der Schulrat zu uns kommt, möchte er neue Unterrichtsmethoden und den Rahmenplan kreativ ausgelegt sehen. Das heißt beispielsweise, dass Schüler:innen Lernprodukte erstellen – Plakate, Modelle, Lapbooks. Am nächsten Tag steht die Brandschutzverantwortliche vor der Tür. Sie weiß, dass all diese brennbaren Materialien eine potenzielle Gefahr darstellen, und verfügt eine sofortige Entfernung der Produkte. Jede:r macht seinen/ihren Job nach bestem Wissen und Gewissen.

Diszipliniert. Gehorsam. Unterwürfig? Die Reglementierung und Normung macht Sinn. Viele Menschen aus anderen Kulturen beneiden uns um die Klarheit, mit der Rechte und Pflichten in Deutschland garantiert sind. Aber das darf nicht dazu führen, dass Menschen denken: Wenn ich mich an alles halte, muss ich nichts verantworten. Dann nämlich fällt das Abwägen hintenüber. Und der gesunde Menschenverstand lahmt.

Genau das passiert jedoch ab und zu. Dann bemerke ich bei Lehrkräften, Schulleitungskolleg:innen oder in der Schulverwaltung die Haltung: Besser schlechte Schule als falsche Schule. Soll heißen: Womöglich bleibt weniger Kraft und Zeit für den Unterricht, die Unterrichts- und Schulentwicklung oder die Begleitung von Schulen, aber jedes Formular ist korrekt ausgefüllt, um nicht angreifbar zu sein.

Das wiederum hat mit einer ungünstigen Fehlerkultur zu tun. Die Angst vor der Grenzüberschreitung, dem Fehlverhalten, dem Scheitern ist groß. Schade, denn das hemmt. Man muss sich klarmachen, dass es sich hier um eine gesellschaftlich anerzogene Furcht handelt. Sie ist evolutionär nicht unbedingt sinnvoll. Sondern eine Art nationale Besonderheit. Dass die auch anders aussehen kann, zeigt das Beispiel von Randy Pausch. Der Informatik-Professor aus Pennsylvania ermunterte seine Studierenden stets, sich auf neues Terrain zu wagen – in den Vereinigten Staaten wird auf das kontrollierte Wagnis viel Wert gelegt. Um seine Unterstützung dafür auszudrücken, trotz des möglichen Scheiterns einen neuen Schritt zu wagen, verlieh er in jedem Semester den »First Penguin Award« für die Mutigsten. Sie waren wie der erste Pinguin, der trotz potenzieller Gefahren durch hungrige

Seeleoparden oder Wale ins Wasser sprang. Solche Mutigen wünsche ich mir – unter den Schüler:innen, Lehrer:innen, Schulleiter:innen und vor allem in den Schulbehörden und der Schulpolitik.

Verstehen Sie mich nicht falsch. Ich bin keine Anhängerin der Anarchie. Wir brauchen einen Rahmen, wir dürfen dankbar sein für unseren Rechts-, Sozial- und Wohlfahrtsstaat. Doch dieser Rahmen darf nicht dazu führen, dass wir uns aus der Verantwortung nehmen. Er darf auch nicht dafür sorgen, dass jede:r denkt: Die da oben müssen es richten. Man muss schon den eigenen Sachverstand einschalten. Und überlegen, welchen Spielraum die Vorgaben ermöglichen – meist viel mehr, als man gemeinhin denkt.

Das funktioniert aber nur dann, wenn die Schulverwaltung ebenfalls nicht in Untertanenmentalität verharrt. Beamte, die als bloße Paragrafenreiter agieren, sind für moderne Bildungsorte eine Zumutung. Spielraum kann und darf nicht nur von der Schule her ausgereizt, sondern muss auch von der zuständigen Behörde ermöglicht werden. Dazu ein positives Beispiel: Mitten in der Pandemie sollten Berlins Schüler:innen plötzlich bei hohen Infektionszahlen wieder regulär im Klassenverband in die Schule kommen. Der politische Druck, Schulen nicht länger geschlossen zu halten, war zu groß geworden. Meine Kolleg:innen und ich rieben uns verwundert die Augen. Weihnachten durfte man mit höchstens fünf Personen im Kreis der Familie feiern, wenige Tage später aber sollten wir mit Schüler:innen aus 25 Haushalten im Klassenzimmer stehen – oft ohne Luftreinigungsgeräte? Viele Schulverwaltungen – nicht nur in Berlin – setzten einfach um, was im jeweiligen Bundesland von oben verordnet war. In

Neukölln genehmigte meine Schulaufsicht einen offiziellen Ausweg: eine für die ganze Schule angemeldete Projektwoche zum digitalen Lernen in Kleingruppen. So geht es auch, wenn der Untertan zum mündigen Bürger wird und Spielräume gesehen und genutzt werden.

Was bleibt als Fazit? Schule leidet unter einem ängstlichen Übererfüllen von Vorgaben, die nicht am Wohl von Kindern und Jugendlichen orientiert sind. Wenn es nur um Vorgabenerfüllung geht, dann richten wir alle, die mit Bildung befasst sind, Schaden an. Im schlimmsten Fall erziehen wir kleine Untertanen, die verinnerlicht haben: Hier geht's doch gar nicht um uns.

Zwischen Struwwelpeter und Zappelphilipp

Mehr als eineinhalb Jahrhunderte ist es her, dass der Zappelphilipp zusammen mit anderen »bösen Buben« in Form eines Haus- und Erziehungsbuches Einzug in deutsche Kinderzimmer hielt. Niemand befürwortet heute noch die drastischen Strafen. Aber der Gedanke »Wer nicht hören will, muss fühlen« ist nicht ganz verschwunden. Pädagogik ist nicht mehr schwarz, aber oft noch grau.

Wie in Deutschland Bildung organisiert ist, hat mit dieser allgemeingesellschaftlichen Sicht auf Kinder und Jugendliche zu tun. Die ist zum einen historisch bedingt und zum anderen geprägt durch große gegenwärtige Verunsicherung. Beides hat aber auch miteinander zu tun. Wo im Deutschen Kaiserreich, im Nationalsozialismus und in der DDR noch der Dreiklang Disziplin, Gehorsam und Anstand mit jeweils unterschiedlichen Inhalten galt, da macht sich in der Gegenwart große Ratlosigkeit breit.

Was gute Erziehung ausmacht, darüber gibt es heute unzählige und widersprüchliche Ansichten. So ist es kaum verwunderlich, dass jede:r tut, was er oder sie denkt. Von Nichterziehung über antiautoritäre, demokratisch-partnerschaftliche und autoritative Ansätze bis hin zu autoritären Strukturen scheint alles möglich. Der gesellschaftliche Wandel trägt seinerseits dazu bei, Eltern zu verunsichern, welche Werte, Normen und Kompetenzen zukünftig gesellschaftsfähig und gefragt sein werden.

Besonders deutlich wird das Zusammenspiel von Vergangenheit und Gegenwart übrigens, wenn man sich die Rolle von Müttern ansieht: Rabenmütter – von denen viel öfter die Rede ist als von Rabeneltern oder Rabenvätern – gibt es nur im deutschen Sprachraum. Ihr mangelndes Kümmern ist angeblich verantwortlich, wenn das Kind nicht so wird, wie es werden soll.

Durch Erziehung soll das Kind, das noch nicht ganz »richtig« ist, zu einem vollwertigen Mitglied der Gesellschaft heranwachsen. Da ist natürlich ein Körnchen Wahrheit dabei. Aber wie immer braucht es einen gesunden Mittelweg. Ich halte es in dieser Hinsicht mit zwei großartigen Aphoristikern: Goethe und Fröbel. Johann Wolfgang von Goethe hat ein bis heute gültiges zentrales Erziehungsziel beschrieben. Zwei Dinge sollten Kinder von ihren Eltern bekommen: Wurzeln und Flügel. Das ist nichts anderes als ein autoritativer Erziehungsstil, der den Kindern klare Regeln vermittelt und gleichzeitig wertschätzend und vertrauend ist. Und der Pädagoge Friedrich Fröbel spricht davon, Erziehung sei Beispiel und Liebe – sonst nichts. Ich würde präzisieren: zuallererst Liebe. Wenn es an ihr mangelt, nützt alles Beispiel nichts.

Wir haben es immer wieder mit Eltern zu tun, die es am Beispiel mangeln lassen. Wenn es bei ihnen selbst – und das kann in allen Schichten der Fall sein – kein Vorbild in Sachen Erziehung gab, dann fehlt oft das Wissen um gute Erziehungsziele und -methoden. Das drückt sich teilweise in problematischer Erziehung oder auch in Nichterziehung aus. Andere Familien, mitunter auch in prekären Verhältnissen, haben klare und eigentlich erfolgversprechende Erziehungsideale, die bisweilen aber an mangelnden ökonomischen Ressourcen scheitern. Auch die Frage, ob eine (durchaus anstrengende) Erziehung überhaupt etwas bringt, stellt sich in Familien mit problematischen Lebensbedingungen oft. Julia Friedrich hat in »Working Class« zu Recht darauf hingewiesen, dass das soziale Aufstiegsversprechen »Das Kind kann es einmal besser haben« heute nicht mehr unbedingt gilt.

In der Mittelschicht sind die Verunsicherung und Angst besonders groß: Auf der einen Seite droht der Abstieg, auf der anderen erzeugt der Wunsch nach Aufstieg großen Druck. Da fallen Zuversicht und das Vertrauen darauf, dass es »schon wird«, schwer. Von Kindern wird in diesen Familien oft eine Mitarbeit am sozialen Status verlangt nach dem Motto: Du machst deinen Job (Schule), ich mache meinen (Arbeit). Kinder sollen dann vor allem funktionieren. Dabei wird viel Unterstützung angeboten, viele Kinder sind tagtäglich von früh bis spät verplant. Und diese Unterstützung soll sich bitteschön auszahlen.

In der Oberschicht wiederum gibt es Fälle, in denen Kinder lernen, dass Geld alles regeln kann. Dort wird so lange Nachhilfe gewährt, werden Beziehungen bemüht und Wege geebnet, bis das Kind den Abschluss schafft, die Kanzlei übernehmen kann oder in passend empfundenen gesellschaftlichen Kreisen verkehrt.

Das alles klingt nicht nur anstrengend, sondern ist es auch. Kinder werden so wahlweise als Hindernis oder als Projekt empfunden. Ich unterstelle einmal, dass eine große Mehrheit zustimmt, wenn ich sage: Kinder sind das Wichtigste, was wir haben. Aber daraus folgt für viele Menschen scheinbar auch: Da darf ich als Elternteil auf keinen Fall einen Fehler machen. Und der Lehrer oder die Lehrerin darf das auch nicht. Diese Haltung verstellt den Blick auf eine große Chance moderner Bildung im Sozialraum: Schule zu einem wirklichen Lebensraum zu machen, in dem Kinder und Jugendliche, Eltern, Lehrende und viele andere pädagogische Kräfte ein Netzwerk bilden.

Noch etwas scheint mir sehr wichtig, wenn es um den deutschen Blick auf Kinder und Jugendliche geht: Loben fällt schwer. Als ich einmal in den USA war, dachte ich schon nach wenigen Tagen: So viel Lob hast du ja noch nie gehört, so viele gute Worte hat es das ganze Jahr nicht gegeben. In Deutschland gibt es keine ausgeprägte Kultur des Lobens. Hier verbindet man Lob mit vielen Zweifeln und Ängsten: Nutzt es sich nicht ab? Ist es nicht übertrieben? Bedeutet Lob für den einen nicht gleichzeitig Kritik am anderen? All diese Fragen führen zu sparsamem Lob, das dann umso gewichtiger ist. Wenn schon öffentlich gelobt wird, muss ganz Besonderes geschehen sein. Das aber verkennt eine Tatsache, die Daniel Kahneman in »Schnelles Denken, langsames Denken« als Fehlschluss aufdeckt: Es gibt zwar herausragende Leistungen, aber es braucht eine ganze Menge glücklicher Zufälle für Erfolg. Das heißt nicht, dass Lob nichts bringt oder nicht nötig ist. Gut ist es, immer wieder für das zu loben, was wir tatsächlich selbst in der Hand haben. Kinder und Jugendliche wissen oft intuitiv, wenn sie gut waren. Wird das authentisch gelobt, ist es ermächtigend. Kein dahingesagtes »Gut gemacht«, sondern ein echtes Anerkenntnis. Meine jungen Kolleg:innen können das schon viel besser als meine Generation. Sie scheitern nicht am Bewusstsein, manchmal aber an der Routine, positiv Wahrgenommenes unmittelbar an die Kinder zurückzumelden.

Es gibt jedoch auch die andere, ebenso wichtige Seite der Medaille: Wer glaubhaft loben will, muss auch konstruktiv kritisieren können. Auch damit ist es in Deutschland nicht weit her. Dem Land wird zwar eine ausgeprägte Kritikkultur attestiert – die man auch im Alltag bemerken kann –, aber keine sinnvolle. Hier wird die Defizitorientierung deutlich, die im Blick auf Kinder oft mitschwingt. Kritisiert werden darf stets nur das Verhalten, nicht aber die Person. Wenn Kritik und Strafen nicht erklärt oder nicht von Vorschlägen und Alternativen begleitet werden, dann machen sie junge Menschen klein und ohnmächtig.

Schule kann mit dieser Erkenntnis und einem dementsprechenden Handeln ein Vorbildraum sein, in dem Gesellschaft verändert wird. Nachhaltiges Loben und nützliche, zukunftsorientierte Kritik lassen sich im Sozialraum Schule in einem geschützten Rahmen einüben.

Rütli 2006 – Terror, Horror, die härteste Schule des Landes

Als ich eines Tages Ende März 2006 auf dem Weg zur Heinrich-Heine-Realschule in die Rütlistraße einbog, traute ich meinen Augen nicht: Pressefahrzeuge säumten die gesamte Straße, alle paar Meter standen Journalist:innen, dazwischen Polizeiwagen, neugierige Schüler:innen und Schaulustige. Schnell fand ich heraus, dass die Kolleg:innen der Rütli-Hauptschule einen Brandbrief zunächst an die Schulverwaltung geschrieben und dort keine Antwort erhalten hatten und dann dieser Brief an die Presse gelangt war. In den nächsten Tagen machten die Zeitungen mit plakativen Schlagzeilen auf. Ich arbeitete nun in unmittelbarer Nachbarschaft einer Terror-, Horror- oder SOS-Schule.

Vom mythischen Ort zum Nicht-Ort

Die Rütli-Schule stand viele Jahre vor jenem Brandbrief für einen ganz anderen Ort. In den 1920er-Jahren war Rütli als Reformschule entstanden: modern, progressiv, Inbegriff einer neuen Erziehung. Getragen wurde das Konzept der Lebensgemeinschaftsschule von den Ideen Fritz Karsens, Kurt Löwensteins und Anna Siemsens, die sich für eine sozial ausgerichtete, demokratische und weltliche Gesamtschule einsetzten. Bildung sollte für die breiten Schichten der Bevölkerung zugänglich werden. Mädchen und Jungen wurden hier gemeinsam erzogen. Religion spielte keine Rolle. Herkömmlicher Unterricht wurde ergänzt durch Projektarbeit und Arbeitsgemeinschaften. Nicht nur Eltern aus dem Arbeiterbezirk Neukölln schickten ihre Kinder in die Rütlistraße, sondern auch aus den wohlhabenderen Stadtbezirken wurden täglich Kinder gebracht, deren Eltern von den revolutionären Ideen der Schule begeistert waren. Doch die wirtschaftlichen Probleme der späten 1920er-Jahre hinterließen Spuren. Der Reformgedanke erstarb, Klagen über Probleme häuften sich: »Diebstähle, Widersetzlichkeiten, demonstrative Leistungsverweigerung, zunehmende Aggressivität der Schüler gegeneinander«, so ein Ausstellungsband des Museums Neukölln.

Mit der Machtübernahme der Nationalsozialisten endete das Experiment auch formal, die Schule wurde aufgelöst. Ab 1943 richtete man im Gebäude ein Lazarett ein. Die Schüler:innen fanden in anderen Schulen Platz, manche bewahrten die freiheitlichen Ideen. Eine kleine Gruppe Ehemaliger war sogar im Widerstand aktiv. Hanno Günther, Dagmar Petersen, Emmerich Schaper, Wolfgang Pander und Bernhard Sikorski hörten in der Wohnung von Günthers Eltern gemeinsam den Londoner Rundfunk ab, besprachen die Meldungen und formulierten systemkritische Flugschriften. Sie wurden 1942 verhaftet, vom Volksgerichtshof verurteilt und, bis auf Petersen, hingerichtet.

Auf dem Abstellgleis

Mit Günther und seinen Mitstreiter:innen war auch der Geist von Rütli gebrochen. Nach dem Krieg wurde die Schule zwar wiedereröffnet, jedoch als Hauptschule im dreigliedrigen Schulsystem, wie es sie hundertfach in Berlin gab. Noch immer wohnten vor allem Arbeiter im Viertel, später kamen Gastarbeiterfamilien dazu. Doch reformerische Gedanken wehten nicht mehr durch die Schule. Die fanden sich nun in wohlhabenderen Vierteln: Dahlem, Grunewald, Wilmersdorf.

Wann aus der durchschnittlichen Hauptschule jene Problemschule wurde, die der Brandbrief 2006 zeichnete, kann man nicht genau sagen. Der Prozess ging Hand in Hand mit der Verwandlung Nord-Neuköllns in einen sogenannten A-Bezirk – Arbeitslose, Alkoholiker, Ausländer, Asoziale. Schon die Bezeichnung war treffende Diagnose und achselzuckende Resignation in einem.

Der Abstieg war ein schleichender Prozess, gekennzeichnet durch viele Versäumnisse der Politik, die eine Integration von Menschen aus prekären Verhältnissen nicht für nötig befand. In dieser Hinsicht war die Rütli-Schule keine Ausnahme – der spätere Brandbrief hätte genauso gut in Duisburg-Marxloh oder München-Hasenbergl geschrieben sein können.

Man knüpfte eben nicht an die reformpädagogischen Ideen an, sondern nahm hin, dass die Schule im dreigliedrigen Bildungssystem als eine Art Restschule fungierte. Gymnasium und Realschule waren zufrieden – dort verließen Schüler:innen die Bildungseinrichtung mit einem Abschluss, der auf dem Arbeitsmarkt etwas wert war. Wer von der Rütli-Schule kam, verließ die Schule als Abbrecher:in ohne jede Qualifikation oder mit einem Abschluss, der nichts Gutes bedeutete. In einer Zeit, in der die Jugendarbeitslosigkeit hoch war, hatten Rütli-Schüler:innen keine Chance. »Du bist ein:e Versager:in« war eine häufige Zuschreibung, die sich spätestens bei der Lehrstellensuche zu bewahrheiten schien. Vereint waren Schüler:innen und Lehrer:innen durch eine gemeinsame Erfahrung: Ohnmacht und Perspektivlosigkeit.

Aus dem mythischen Ort Rütli, der Feier der Gemeinschaft und des Schulterschlusses, war ein Nicht-Ort geworden.

Kapitulation. Die Mutter aller Brandbriefe

2006 waren selbst die üblichen Instrumente der Gegensteuerung – mehr Lehrerstunden, kleinere Klassen – erschöpft. Überdeutlich zeigte sich jetzt: Das System war am Ende. Die Lehrer:innen waren ausgebrannt und entmutigt, die Schüler:innen abgehängt und ohne Alternativen. Die Kommunikation zwischen beiden Gruppen wurde immer schwieriger. Aus der Hauptschule, die den Gedanken der allgemeinen Volksbildung noch im Namen trug, war 2006 ein Aufbewahrungsort zur Erfüllung der staatlichen Schulpflicht geworden. Trotz aller Anstrengungen der Lehrkräfte.

Die Herausforderungen machten zahlreiche Kolleg:innen krank, auch die Schulleiterin war davon betroffen. Das Schiff Rütli schlingerte ohne nachhaltigen Kurs durch die Bildungslandschaft. Die kommissarische Leiterin sah nur noch einen Ausweg: einen Brandbrief an die zuständige Behörde. Und der blieb unbeantwortet – er versackte zwischen Aktenbündeln. Natürlich fragt man sich: Wie konnte das passieren? Vielleicht wurde der Brief in seiner Bedeutung unterschätzt, womöglich aber waren die geschilderten Probleme so schwerwiegend, dass man sich hilflos fühlte. Vielleicht hoffte man einfach, dass der Sturm vorbeizog. Ich kenne die Antwort nicht.

Sicher ist: Die Schulverwaltung stellte sich taub. Weder gelang es, in angemessener Frist eine Schulleitung zu finden noch auf die Probleme der Schule zu reagieren. Und die waren beträchtlich, wie jener legendäre Brandbrief enthüllte:

»Wie in der Schulleitersitzung am 21.2.06 geschildert, hat sich die Zusammensetzung unserer Schülerschaft in den letzten Jahren dahingehend verändert, dass der Anteil der Schüler/innen mit arabischem Migrationshintergrund inzwischen am höchsten ist. Er beträgt zurzeit 34,9 Prozent, gefolgt von 26,1 Prozent mit türkischem Migrationshintergrund. Der Gesamtanteil der Jugendlichen n.d.H. (nichtdeutscher Herkunft) beträgt 83,2 %. Die Statistik zeigt, dass an unserer Schule der Anteil der Schüler/innen mit arabischem Migrationshintergrund in den letzten Jahren kontinuierlich gestiegen ist. […]

In unserer Schule gibt es keine/n Mitarbeiter/in aus anderen Kulturkreisen. Wir müssen feststellen, dass die Stimmung in einigen Klassen zurzeit geprägt ist von Aggressivität, Respektlosigkeit und Ignoranz uns Erwachsenen gegenüber.

Notwendiges Unterrichtsmaterial wird nur von wenigen Schüler/innen mitgebracht. Die Gewaltbereitschaft gegen Sachen wächst: Türen werden eingetreten, Papierkörbe als Fußbälle missbraucht, Knallkörper gezündet und Bilderrahmen von den Flurwänden gerissen.

Werden Schüler/innen zur Rede gestellt, schützen sie sich gegenseitig. Täter können in den wenigsten Fällen ermittelt werden.

Laut Aussage eines Schülers gilt es als besondere Anerkennung im Kiez, wenn aus einer Schule möglichst viele negative Schlagzeilen in der Presse erscheinen. […]

Unsere Bemühungen, die Einhaltung der Regeln durchzusetzen, treffen auf starken Widerstand der Schüler/innen. Diesen Widerstand zu überwinden wird immer schwieriger. In vielen Klassen ist das Verhalten im Unterricht geprägt durch totale Ablehnung des Unterrichtsstoffes und menschenverachtendes Auftreten. Lehrkräfte werden gar nicht wahrgenommen, Gegenstände fliegen zielgerichtet gegen Lehrkräfte durch die Klassen, Anweisungen werden ignoriert. Einige Kollegen/innen gehen nur noch mit dem Handy in bestimmte Klassen, damit sie über Funk Hilfe holen können. Die Folge ist, dass Kollegen/innen am Rande ihrer Kräfte sind. Entsprechend hoch ist auch der Krankenstand, der im 1. Halbjahr 05/06 höher war als der der Schüler/innen. [...] Einige Kollegen/innen stellen seit Jahren Umsetzungsanträge, denen nicht entsprochen wird, da keine Ersatzkräfte gefunden werden. Auch von den Eltern bekamen wir bisher wenig Unterstützung in unserem Bemühen, Normen und Regeln durchzusetzen. Termine werden nicht wahrgenommen, Telefonate scheitern am mangelnden Sprachverständnis.

Wir sind ratlos.

Über das QM (Quartiersmanagement) haben wir zwei Sozialarbeiter/innen mit türkischem und arabischem Migrationshintergrund beantragt, um vor allem mit den Eltern ins Gespräch zu kommen. Aber diese Maßnahme allein wird die Situation nicht deeskalieren. Seit Anfang dieses Schuljahres (05/06) ist die Schulleiterin erkrankt und wird in den vorzeitigen Ruhestand gehen. Die erweiterte Schulleitung, bestehend aus vier Lehrer/innen, hat bis Dezember 05 die Schule geleitet, dann wurde eine kommissarische Schulleiterin aus diesem Kreis ernannt.

Wenn wir uns die Entwicklung unserer Schule in den letzten Jahren ansehen, so müssen wir feststellen, dass die Hauptschule am Ende der Sackgasse angekommen ist und es keine Wendemöglichkeit mehr gibt. Welchen Sinn macht es, dass in einer Schule alle Schüler/innen gesammelt werden, die weder von den Eltern noch von der Wirtschaft Perspektiven aufgezeigt bekommen, um ihr Leben sinnvoll gestalten zu können? [...]

Deshalb kann jede Hilfe für unsere Schule nur bedeuten, die aktuelle Situation erträglicher zu machen. Perspektivisch muss die Hauptschule in dieser Zusammensetzung aufgelöst werden zu Gunsten einer neuen Schulform mit gänzlich neuer Zusammensetzung.

Kurzfristig brauchen wir eine Erhöhung der Lehrer/innenausstattung, um Ruhe in den Schulalltag zu bringen, der, wie oben erwähnt, geprägt ist durch Unterrichtsausfall und Vertretungsunterricht. […] Wir brauchen die tägliche Präsenz einer Fachkraft, die uns bei Deeskalation und Krisenintervention hilft. […]

2009 wird unser Schulgebäude 100 Jahre alt und wir hoffen, dass bis dahin eine Schule geschaffen werden kann, in der Schüler/innen und Lehrer/innen Freude am Lernen bzw. Lehren haben.«

Die Beschreibung der Zustände war eindrücklich, und der am Ende formulierten Schlussfolgerung, dass die Hauptschule als Schulform abgeschafft werden muss, konnte und kann ich nur zustimmen. Aus heutiger Sicht finde ich die Betonung des Fehlverhaltens gerade der arabischen Schüler:innen als ungünstige Engführung. Zumal aktuell der Anteil arabischstämmiger Schüler:innen am Campus in den Jahrgängen 7 bis 13 noch höher liegt – und wir keine Probleme in dieser Größenordnung haben. Die University of Auckland hat im Nachhall des Brandbriefes eine wissenschaftliche Studie zur medialen Rezeption einzelner Schülergruppen durchgeführt und dabei nachgewiesen, wie hier stereotype Zuschreibungen stattfanden. Es wurde ein Sündenbock gesucht – und gefunden.

Auch die Eltern der so gelabelten Schüler:innen kamen nicht gut weg. Sie wurden im Brief als desinteressiert dargestellt, was sich häufig eher bei Deutschen in prekärer sozialer

Situation beobachten ließ. In türkischen und arabischen Familien herrschte oft ein anderes kulturelles Verständnis von Bildung. Schule wurde als autonom gesehen. Dort machten Lehrer:innen ihren Job, die Eltern waren zu Hause zuständig. Elternmitarbeit war in diesem Konzept nicht vorgesehen, vielleicht wurde sie von vielen Eltern aufgrund ihrer kulturellen Vorprägung sogar als unangemessene Einmischung empfunden.

Und die Schüler:innen? Im Brandbrief wurde ihre Situation als hoffnungs- und perspektivlos geschildert. Schuldistanz – ein vornehmerer Begriff für systematisches Schulschwänzen – war ein großes Problem. Das kann kaum verwundern, wenn man sich die im Schreiben geschilderte Lage vorstellt:

»In den meisten Familien sind unsere Schüler/innen die Einzigen, die morgens aufstehen. Wie sollen wir ihnen erklären, dass es trotzdem wichtig ist, in der Schule zu sein und einen Abschluss anzustreben? Die Schüler/innen sind vor allem damit beschäftigt, sich das neueste Handy zu organisieren, ihr Outfit so zu gestalten, dass sie nicht verlacht werden, damit sie dazugehören. Schule ist für sie auch Schauplatz und Machtkampf um Anerkennung. Der Intensivtäter wird zum Vorbild. Es gibt für sie in der Schule keine positiven Vorbilder. Sie sind unter sich und lernen Jugendliche, die anders leben, gar nicht kennen. Hauptschule isoliert sie, sie fühlen sich ausgesondert und benehmen sich entsprechend.«

Nur an einem Ort trafen die Schüler:innen auf Menschen in der gleichen Lage: in der Rütli-Schule. Das war die (prekäre) Heimat, die viele Schüler:innen trotz aller Probleme verteidigten. Mit ihren Mitteln, erlernt in oftmals autoritär und hierarchisch organisierten Familien. Dort und nur dort galten sie außerhalb ihrer Familien etwas – zu ihren eigenen Bedingungen.

Diese für alle Beteiligten schwierige Situation konnte bis zum Frühjahr 2006 nicht geheilt werden. Denn Hauptschule hat keine Lobby. Ein Gymnasium mehrere Monate ohne Schulleiter:in? Eine Realschule in spürbarer Schieflage mit nur noch rudimentärem Unterrichtsgeschehen? Es hätte nicht lange gedauert, und Eltern hätten als Advokaten ihrer Kinder reagiert. Dies wiederum hätte Politik und Verwaltung auf den Plan gerufen, denn nicht zuletzt geht es um Wählerstimmen. Für die Rütli-Schule aber gab es keine Advokaten.

Im Brennglas

Der Knall des Rütli-Briefes rüttelte Medien, Politik und Verwaltung auf. Nicht dass man all das, was da beschrieben war, nicht vorher schon hätte gewusst haben können. Jetzt aber schien es unumgänglich, die Themen Schulstruktur, segregierte Schulen in benachteiligten Quartieren, Lehrer:innenqualifizierung sowie Schulleiter:innenauswahl und -handeln genauer in den Blick zu nehmen.

Insbesondere zu Anfang konzentrierte sich die Berichterstattung über den Rütli-Brandbrief auf die Skandalisierung der Situation. Vor allem das Schülerverhalten rückte in den Mittelpunkt der Diskussionen. Angeheizt wurde diese Berichterstattung durch Grenzüberschreitungen einzelner Journalist:innen, die Schüler:innen zu aggressiven Posen aufforderten, sie zu gewalttätigen Aussagen anstachelten und sogar vor den unbeteiligten Mitgliedern der benachbarten Heinrich-Heine-Realschule nicht Halt machten, um zu schlagzeilenträchtigen Aussagen zu kommen.

Die Schüler:innen wiederum agierten im Modus der selbsterfüllenden Prophezeiung. Einige erlebten hier womöglich zum ersten Mal, dass sich jemand für ihre Situation interessierte. Der Skandal verlieh temporäre Macht.

Gleichzeitig entstand das Bild einer Schule, an der – wie der *Tagesspiegel* angeblich von einer ehemaligen Lehrerin erfuhr – »Kriminelle und Terroristen großgezogen« würden.

Jetzt waren alle, die zu dieser Katastrophe Stellung nehmen mussten oder wollten, darum bemüht, einfache und nachvollziehbare Ursachen zu nennen. Und so findet man in vielen politischen Verlautbarungen und Presseartikeln wiederkehrende Erklärungsmuster zunächst für den Misserfolg der Rütli-Schule – und später für ihren Erfolg (das »Rütli-Wunder«).

Und nun?
Wege zum Neuanfang

Angesichts des Briefes setzte ein hektisches Agieren ein. Solche Reaktionen können ungünstig sein, aber sie können auch längst notwendige Veränderungen anstoßen. In Rütli war glücklicherweise Letzteres der Fall.

Die Resonanz auf den Brandbrief war so groß, dass sich recht schnell politischer und verwaltungstechnischer Gestaltungswille zeigte. Rütli, wie das Geschehen bald verkürzt genannt und so zum sprachlichen Symbol wurde, sollte nicht nur als Scheitern, sondern auch als Chance begriffen werden.

Hidden Agendas

Der Hilferuf der Lehrer:innen der Rütli-Schule war für die Politik ein Zeugnis ihres Versagens. Dem damaligen Bezirksbürgermeister von Neukölln, Heinz Buschkowsky, und seinem Bildungsstadtrat, Wolfgang Schimmang, fiel die desaströse Schulpolitik der letzten Jahre damit vor und auf die Füße.

Heinz Buschkowsky wäre aber nicht Heinz Buschkowsky, wenn er nicht gesehen hätte, welche Möglichkeiten der Brief bot. Was er später in seinem Buch »Neukölln ist überall« für die gesamte Bundesrepublik forderte – wirkliche Integration statt Verbandsrhetorik und ähnlicher Lippenbekenntnisse –, stand ihm sicher glasklar vor Augen, als er sich im März 2006 ein Bild von der Lage machte. Zu diesem Zeitpunkt stand Buschkowsky bereits seit mehr als einem Jahrzehnt in der politischen Verantwortung: als stellvertretender Bezirksbürgermeister, Jugenddezernent, Bezirksstadtrat für verschiedene Ressorts. Gemeinsam war all diesen Tätigkeitsfeldern, dass die Bevölkerungszusammensetzung eine wesentliche Rolle spielte für das, was politisch gewünscht und geboten war. 2004 war Buschkowsky über Berlin hinaus bekannt geworden. Seine Feststellung »Multikulti ist gescheitert« war nicht als Bankrotterklärung, sondern als Aufbruch gemeint. Die Medien sprangen auf Buschkowskys klare Sprache an – und der verteidigte sich gegenüber Genoss:innen, die ihm vorwarfen, die Lage verkürzt darzustellen. Buschkowsky meinte dazu: »Politik und Medien sind untrennbar miteinander verbunden. Wer in einer Mediengesellschaft gehört werden will, muss bis an die Grenze der Regelverletzung gehen und auch Schlagzeilen produzieren.«

Die bekam er, als eine Reaktion auf den Brandbrief nötig wurde. Zusammen mit dem Bildungsstadtrat Wolfgang Schimmang erkannte Heinz Buschkowsky schnell, dass nun die Chance da war, Bildungs- und Integrationsprojekten in Neukölln neuen Auftrieb zu geben. Rückhalt aus der Wissenschaft gab es zu diesem Zeitpunkt bereits durch die Studie von Hartmut Häußermann über Armut in Großstädten und die Gefahren der Segregation. Und Lehrer:innen und Schulleiter:innen wie ich wussten durch tägliche Erfahrung, was helfen konnte. Deshalb konnten wir uns identifizieren mit Buschkowskys Überzeugung, dass es ein neues System flächendeckender frühkindlicher Betreuung und Bildung geben müsste. Es sollte die Ausbildung von Kindern und Jugendlichen aus prekären Verhältnissen oder mit Migrationshintergrund verbessern und die Ganztagsschule zum Normalfall werden lassen.

Nur wenige Wochen nach dem Knall an der Rütli-Schule betonte Buschkowsky öffentlich, was ich als Schulleiterin der

Heinrich-Heine-Realschule längst wusste: »Mit unserem jetzigen Schulsystem entlassen wir viele junge Leute aus der Schule, die in unserer Gesellschaft fast keine Chance haben. Sie suchen Halt, wo sie ihn finden – auf der Straße, in der Kultur ihrer Herkunftsländer, in der Religion oder der Kriminalität und in der Abgrenzung.« Einen Ausweg hatte Buschkowsky auch schon ausgemacht: »In Berlin muss die Hauptschule weg.«

Das entsprach meiner Einschätzung, und ich sah eine Möglichkeit, in diesem Prozess aktiv zu werden. Ich fand gut, dass Buschkowsky – frei nach Ferdinand Lasalle, der einmal gesagt hatte, jede politische Aktion beginne mit dem Aussprechen dessen, was sei – den Willen hatte, politisch und verwaltungstechnisch große Neuerungen anzustoßen. Schon bald berief er eine Steuerungsrunde, der ich von Anfang an angehörte. Nicht lange, und es schälte sich aus den Diskussionen eine Vision heraus: Die Idee eines Bildungscampus wurde in groben Zügen entworfen.

Das alles geschah im Getöse des Wahlkampfs, denn der Brandbrief war nur wenige Monate vor den Wahlen zum Berliner Abgeordnetenhaus öffentlich geworden. Und so wurde neben der Diskussion um Rezepte für die Rütli-Schule noch eine andere geführt. War das alles die Schuld »rot-roter Integrations- und Bildungspolitik«, wie Friedbert Pflüger behauptete? Oder brauchten »solche« Schüler:innen einfach einige Wochen im Schnupperknast, wie Jörg Schönbohm vorschlug? Im Juli folgte ein Integrationsgipfel bei Kanzlerin Angela Merkel. Vor Ort jedoch hatte man ganz andere Fragen und Nöte.

Im Bezirk bekam Rütli erste Priorität. Schon bald wurde aber klar: Ausschließlich mit Neuköllner Mitteln war das nicht zu machen. Der Bezirk wandte sich daher energisch an die Landesbehörde, den Senat von Berlin. Eine erste Finanzierung erfolgte über das Pilotprojekt Gemeinschaftsschule. Der neue Bildungssenator Jürgen Zöllner sagte der Idee seine persönliche Unterstützung zu, und auch die Senatorin für Stadtentwicklung machte sich für den Bildungscampus stark. Hier sollte Geld in die Hand genommen werden, um – so das erklärte Ziel – in der gerade beginnenden Legislatur 2006 bis 2011 den Campus mit Unterstützung der Freudenberg Stiftung und der Stiftung Zukunft Berlin in seinen Grundzügen zu etablieren. Dafür wurden 30 Millionen Euro in die Investitionsplanung des Landes Berlin eingestellt – Fluch und Segen zugleich. Schließlich gab und gibt es einige, die CR² allein aufgrund des Geldes Erfolg zugestehen. Nach dem Motto »Wenn uns jemand 30 Millionen geben würde ...«. Tatsächlich ist es aber so, dass wir am Campus Rütli lange Jahre einen ehrgeizigen und erfolgreichen Schulentwicklungsprozess unter erschwerten Bedingungen durchgezogen haben. Das kann jeder Bauherr nachvollziehen, der schon mal dort renoviert, an- und umgebaut hat, wo er tagtäglich lebt. Und dieser Bauprozess ist bis heute nicht abgeschlossen. Schöne, neue Gebäude sind eine Geste der Wertschätzung und eröffnen pädagogische Spielräume. Aber es braucht Menschen, die aus ihnen etwas Nachhaltiges entstehen lassen.

Einer dieser Menschen ist Christina Rau, die sich als echtes Glück für das Projekt erwies. Die Witwe des früheren Bundespräsidenten Johannes Rau lernte ich kurz nach der Veröffentlichung des Briefes kennen. Sie stattete der Rütli-Schule einen Besuch ab, was an sich schon bemerkenswert war. Vom Campus war da noch keine Rede, aber ihr war bereits klar: Hier musste etwas geschehen. In bilateralen Gesprächen vertiefte sie mit dem Bezirksbürgermeister die Idee eines ganzheitlichen Angebots. Die beiden schätzten sich offenbar. Dass auch die Chemie zwischen den Stakeholdern eines solch visionären Projekts stimmen muss, ist nicht zu unterschätzen. Schon bald wurde sie nicht nur die Schirmherrin, sondern die gute Seele des Projekts. Sie steht bis heute für das Modell Rütli, das von der Stiftung Zukunft Berlin betreut wird, deren erklärtes Ziel es ist, dort Abhilfe zu schaffen, wo »Schule, Bezirk und Senat … bisweilen [drohen], in ihren üblichen Abläufen an Effektivität zu verlieren«.

Aber auch eine so engagierte und gut vernetzte Frau wie Christina Rau kann ein solches Projekt nicht allein zum Erfolg führen. Dafür existierten von 2007 bis 2016 Steuerungsrunden. Diese konnten auf das Fundament des Quartiersmanagements zurückgreifen und damit die Richtung bestimmen: Der Campus musste Teil des Sozialraums sein. Eine Schule allein wäre nicht erfolgreich. Nachdem noch 2006 Spitzentreffen stattfanden, die die schon genannte Vision Bildungscampus entwickelten, brauchte es ab der Finanzierungszusage des Senats eine feste Gruppe, die Verantwortung übernahm. In halbjährlichen politischen Steuerungsrunden zum Modellprojekt wurde über den Entwicklungsstand berichtet, und es wurden neue strategische Ziele vereinbart. Schirmherrin Christina Rau, die Hausspitzen der neu besetzten Senatsverwaltungen für Bildung und für Stadtentwicklung sowie des Bezirksamts Neukölln, die Geschäftsführer:innen der auf dem Campus tätigen Träger und der unterstützenden Stiftungen, Vertreter:innen der regionalen Schulaufsicht und der bezirklichen Verwaltung sowie die drei Schulleitungen (später nur noch ich als Schulleiterin der Gemeinschaftsschule und noch später ich als Campusleiterin) saßen am Tisch und fragten ganz konkret: Was braucht der Campus – kurz-, mittel- und langfristig? Ab Herbst 2008 gesellte sich der Arbeitskreis der Akteure hinzu. In ihm treffen sich seitdem etwa einmal monatlich die Leiter:innen der auf dem Campus verorteten Einrichtungen. Sie tauschen sich zu Entwicklungen und Vorhaben in ihren jeweiligen Einrichtungen aus, besprechen gemeinsame Belange des Campus und entwickeln zusammen Projekte.

Wenn ich mir vor Augen führe, wie viele Hände ineinandergreifen mussten, um dem Campus ins Leben zu helfen, ist klar: Es braucht viele Menschen, um Bildung gelingen zu lassen. Sie mögen mit ihrem Engagement verschiedene persönliche, auch politische Ziele haben. Sie mögen Hidden Agendas verfolgen, die mit dem Projekt an sich wenig zu tun haben. Sie mögen unterschiedliche Wege sehen. Wenn sie sich der Idee eines offenen, integrierten und engagierten Bildungsorts verpflichtet fühlen, kann Großes daraus werden.

Wer kann es richten?

Auch Großes geht mit kleinen Schritten los. Und hält Irrwege, Umwege und unwegsames Gelände bereit. So war es auch zwischen 2006 und 2011, als sich in der Rütlistraße eine gescheiterte Schule neu erfinden musste und durfte.

Nach dem öffentlichen Brandbrief ging es den Verantwortlichen darum, politischen Schaden abzuwenden. Vorrang hatte weniger die Situation der Menschen vor Ort, sondern der Wunsch, eine neue Geschichte zu erzählen. Ich will der Politik nicht absprechen, sich mit einer großen Vision für den Campus eingesetzt zu haben. Man sollte aber ehrlich sein, was Intention und Motivation betrifft.

Für die einen – Typ Macher:innen – war das die neue Erzählung eines erfolgreichen Campus Rütli, der dem Anpacken des Bezirksbürgermeisters und anderer Gestalter:innen zu verdanken ist. Für die anderen – Typ Verzagte – war das die Erklärung, warum die schlechten Rahmenbedingungen einen Erfolg trotz aller Anstrengungen verhindern konnten. Hauptsache, man saß rhetorisch wieder im Sattel. Ohne brandgefährliche Briefe verzweifelter Kolleg:innen. In jedem Fall stellte sich die Frage: Wer kann es richten?

Die Frage ist zentral, aber sie greift auch zu kurz. Denn vor ihrer Beantwortung stehen andere Fragen. Allen voran: Was will ich richten? Dann: Wie lange will ich richten? Schließlich: Wie kann ich richten? Erst danach kommen Personalien. Bei der Politik war das anders.

Egal mit welchem Mindset, Politiker:innen waren sich einig: Als Erstes brauchte es einen Schulleiter. Das Maskulinum ist hier kein Zufall. Man glaubte, dass nur ein Mann die »Terrorschule« wieder auf die richtige Bahn lenken könne. Kandidaten gab es, denn nun war ein anderer Anreiz da, an diesem Ort tätig zu werden. Als Schulleiter würde man hier nicht mehr im Hamsterrad eine Problemschule managen und unbeobachtet von allen ein sinkendes Schiff steuern. Nein, mit einem größtmöglichen Maß an Öffentlichkeit konnte man hier zeigen, wie es zu richten war.

Dieser Herausforderung stellte sich als erstes Helmut Hochschild, zuvor erfolgreicher Schulleiter der Paul-Löbe-Hauptschule in Reinickendorf. Hochschild hatte von Anfang an mitgeteilt, dass er nur interimsweise bis zum nächsten Schuljahresbeginn zur Verfügung stehen würde. Eine eigene Agenda, selbst über seine Amtszeit hinaus, hatte er trotzdem.

Sein Weg führte ihn später in die Schulaufsicht, in die Lehrerausbildung und – nach seiner Pensionierung – zum hörenswerten Podcast »Schule kann mehr« unter dem Motto: »Veränderung fängt mit Zuhören an«.

Diesem Grundsatz war er schon im März 2006 verpflichtet. Sein Erfolg war nicht seiner physischen Präsenz und seinem coolen Motorrad zu verdanken, wie es die Medien suggerierten, sondern seiner Haltung. Hochschild hatte kreative Ideen, einen guten Kommunikationsstil, war präsent, mutig und erfahren. Man kann sagen: Da kam jemand an die Schule, der wusste, was er tat. Schnell konnte er zusammen mit den Schüler:innen ein gemeinsames Ziel entwickeln und die Rütli-Schule befrieden. Aber auch Hochschild wusste: »Eine Berliner Hauptschule kann nicht gesund werden. Denn das System ist krank.« 2006 formulierte er dieses Problem, vor dem die Bildungspolitik bis heute steht. Gerade weil aber das System krank ist, braucht es aus meiner Sicht ein hohes Maß an Kontinuität in den Bildungseinrichtungen. Deshalb wollte ich von Anfang an am Campus bleiben. Wenn ich nun in den Ruhestand gehe, dann hoffe ich etwas zu hinterlassen, das Maßstäbe gesetzt hat und das meine Nachfolgerin, die Schulverwaltung und die Bildungspolitik fortführen werden.

Ich wollte von Anfang an am Campus bleiben. Gerade weil das System krank ist, braucht es aus meiner Sicht ein hohes Maß an Kontinuität in den Bildungseinrichtungen. Und wenn ich nun in den Ruhestand gehe, dann hinterlasse ich etwas, das Maßstäbe gesetzt hat und das meine Nachfolgerin, die Schulverwaltung und die Bildungspolitik fortführen werden.

Wie ging es nach Hochschild weiter? Als Aleksander Dzembritzki die Schulleitung übernahm, versuchten die Medien die gleiche »Retter von Rütli«-Geschichte noch einmal zu erzählen. Nur stimmte sie nicht mehr. Dzembritzki war eher Politiker als Schulleiter. Nach nur wenigen Jahren Lehrerfahrung an einer kleinen Schule in Lübeck-Kücknitz wurde er zum Schulleiter der Rütli-Schule berufen. Auffallend in dieser Zeit: Wenn über die Neuerungen an der Rütli-Schule berichtet wurde, dann vor allem über Initiativen, die man schon in Hochschilds Zeit gestartet hatte.

Als nach drei Jahren die drei Schulen in der Rütlistraße fusionierten, stand die Schulleiter:innenfrage wieder zur Debatte. Und wurde offiziell durch meinen Bewerber:innenvorteil entschieden. Was nach außen ein Vertrauensbeweis schien, sah hinter den Kulissen offenbar anders aus. Denn am Rande einer öffentlichen Veranstaltung begegnete ich damals einem höheren Angestellten der Bildungsverwaltung, der mir hinter vorgehaltener Hand erklärte, dass niemand in der Verwaltung an dieses Projekt glaube, es sei zum Scheitern verurteilt. Das wisse bei ihnen jeder, und alle würde offen darüber reden. Was ihn zu seiner Bemerkung getrieben hat, weiß ich nicht. Ich war zu perplex, um nachzufragen.

All das hat mich nicht entmutigt, und ich blieb bei meinem Ziel, die Entwicklungen durch eine sensible pädagogische Hand zu richten. Es ging und geht mir um die richtigen Leute, Worte und Gesten. So will ich bis heute ermutigen, sich an einen Standort zu trauen, der herausfordernd ist. Es zu richten hat aus Schulleiter:innensicht also vor allem mit Ermöglichen und Vertrauen, Fordern und Fördern zu tun.

Das geht aber nicht allein. Einzelkämpfer:innen sind im Schulsystem falsch, für gelingende Schule braucht es Teamplayer:innen. Deshalb gehören zu der Frage »Wer kann es richten?« unbedingt die Pädagog:innen. Und auch da stand die Rütli-Schule 2006 vor einem tiefgreifenden Problem. Viele Lehrkräfte wollten weg, neue bewarben sich nur äußerst zögernd. Manche wären wohl geblieben, waren aber von den Umwälzungen überfordert. Passende Kolleg:innen – beispielsweise mit migrantischem Hintergrund – fehlten.

Die Presse griff eine weitere Herausforderung der Lehrkraftebene auf: die Ostlehrer:innen. Der Begriff war vermutlich nicht wertfrei gemeint, ich benutze ihn aber hier als rein geografische und biografische Zuordnung. In den Jahren vor dem Brandbrief waren etliche Lehrer:innen im Osten der Stadt von ihren ursprünglichen Schulen wegversetzt worden. Der Grund dafür lag in der Demografie Berlins. Im Ostteil sanken die Schüler:innenzahlen, im Westen stiegen sie. Die Ostlehrer:innen wurden aber nicht gleichmäßig über die Westberliner Bezirke und Schulen verteilt, sondern bevorzugt dorthin gesendet, wo sonst niemand hinwollte. Sie kamen an neue Schulen, erlebten eine viel diversere Schülerschaft und hatten selbst fast nie einen migrantischen Hintergrund. Die eigenen pädagogischen Konzepte konnten sie dort kaum erfolgreich anwenden. Und das sollten sie, weitgehend alleingelassen. Viele dieser Ostlehrer:innen reagierten mit großem Engagement – und viele sind bis heute ein wichtiger Teil der Erfolgsgeschichte des Campus Rütli.

Ich wollte alle Lehrer:innen unterstützen, ob aus dem Osten oder Westen, jung oder alt, migrantisch oder nichtmigrantisch. Alle, die an unserer Vision von Schule teilhaben wollten, waren herzlich willkommen. Wir ermöglichten Weggänge, Professionalisierung oder Zugänge. Die Senatsverwaltung strickte derweil an einem neuen Narrativ: Die Zuweisung von Lehrkräften habe die Probleme gelöst.

Doch das war mitnichten der Fall, sondern schlichter Aktionismus. Daraus entsteht noch kein tragfähiges Konzept. Für eine wirkliche Erfolgsgeschichte braucht es handfestes Tun vor Ort. Man arbeitet, hat Erfolg und kann darlegen, warum man welche Entscheidungen getroffen hat. Und das dauerhaft.

»Wer kann es richten?« mag 2006, 2009 und 2011 die Frage gewesen sein. Seitdem stellt die Politik sie nicht mehr. Das »Wunder von Rütli« reicht als politische Erzählung. Heute sind wir leider hinter der politischen Vision von 2006 zurück. Dafür haben wir vor Ort ein eigenes Campusverständnis entwickelt, das man als wirkliche Integration verstehen kann. Hier bestehen verschiedene Institutionen nicht nur nebeneinander, sondern sie arbeiten auch miteinander. Sie bilden ein Netz, das mehr ist als die Summe seiner einzelnen Teile.

Lernen neu denken

2001 erwischte es Deutschland eiskalt: PISA-Schock. Wer zu dieser Zeit nicht selbst im Bildungswesen aktiv war oder in diesem und den Folgejahren keine Kinder im schulpflichtigen Alter hatte, mag sich nicht mehr erinnern. Doch im Sommer jenes Jahres erhielt Deutschland ein bestenfalls mittelmäßiges Zeugnis. Es hörte sich in etwa so an:

Deutschland hat sich bemüht, die Anforderungen der Schule vollständig zu erfüllen. Mit Interesse und einem positiven Selbstbild hat es sich engagiert am Wettbewerb PISA beteiligt.

Altersgerechte Texte kann Deutschland zunehmend flüssig lesen. In der Diskussion um die Inhalte beachtet es die Gesprächsregeln und bleibt in Gesprächen stets sach- und inhaltsbezogen. Mathematische und naturwissenschaftliche Problemstellungen geht es eher zurückhaltend an, kann sich aber auf Beiträge anderer beziehen und seine Meinung äußern. Deutschland versteht Inhalte beim Zuhören, kann gezielt nachfragen und Arbeitsergebnisse reflektieren. Es ist jedoch noch zu langsam, wenn es um eigenständige Präsentationen geht. Es arbeitet im Musikunterricht interessiert mit und kann sowohl Melodien als auch Rhythmen gut aufnehmen und wiedergeben. Es zeigt Interesse an den Themen des Religionsunterrichts, ist aber noch zu wenig bereit, andere Religionen als bereichernde Weltbilder zu betrachten. Im Sportunterricht verhält es sich bei kooperativen Spielen meist sportlich und fair. Gegenüber Schüler:innen mit Besonderheiten dürfte Deutschland allerdings noch größere Toleranz und Akzeptanz zeigen sowie verdeutlichen, dass Diversität ein Pluspunkt schulischen Lernens ist. Deutschlands Arbeits- und Sozialverhalten entspricht im Allgemeinen den Anforderungen. Es sollte sich im nächsten Schuljahr darum bemühen, die gezeigten Leistungen dem eigenen Selbstbild anzupassen und seine Ressourcen für eine Verbesserung in einzelnen Fächern einzusetzen.

Nach diesem Schlag ins Gesicht war klar: Einfach weitermachen war keine Option. Viel zu lange hatte sich das Bildungssystem auf den Lehrplänen ausgeruht, die nur abbildeten, was gelehrt werden sollte. Vollgestopft mit Inhalten, war dort abrufbares Wissen festgelegt, das Schüler:innen reproduzieren können sollten. Nun sollten Kompetenzen, niedergelegt in Bildungsstandards, diese Anforderungskataloge ersetzen.

Als der PISA-Schock über Deutschland hinwegfegte, war ich noch an der Heinrich-Heine-Realschule. Aber auch dort führte er – wie an allen Schulen der Republik – zu einem Umdenken. Zuerst ging es dabei nicht so sehr um Veränderungen im Unterricht, sondern um Strukturentwicklung. Längeres gemeinsames Lernen rückte in den Fokus. Das gegliederte Schulsystem kam auf den Prüfstand. Warum getrennt lernen, wenn doch Gesellschaft gemeinsam funktionierte? Man stellte sich die Frage, warum Schüler:innen in Deutschland nur bis mittags lernen sollten. War Freizeit nicht auch Bildungszeit und konnte von der Schule organisiert sein? Erste Ganztagsangebote entstanden.

Dieses Umdenken war in vollem Gange, als der Rütli-Brandbrief auch klarmachte: Zumindest dort hatte den Schüler:innen bis 2006 nichts signalisiert, dass die Schule sie fit machen sollte, Probleme in unterschiedlichsten Bereichen des Lebens lösen zu können. Als der Campus geschaffen wurde, befanden wir uns mitten in einer gesellschaftlichen Debatte um die Zukunft von Bildung.

Eines war also nicht nur wegen der katastrophalen Lage der Schule, sondern auch aufgrund der gesamtgesellschaftlichen Entwicklung klar: Der Campus würde eine Gemeinschaftsschule werden. In dieser sollten Kinder ohne größere Brüche in ihrer Bildungsbiografie von der Grundstufe bis zum Schulabschluss begleitet werden. Wir würden sie nicht mehr nach Leistung separieren, sondern sie gemeinsam – miteinander, voneinander und übereinander – lernen lassen. Später würden wir Jahrgänge in der Grundstufe mischen, um diesen Effekt noch zu verstärken und unterschiedlichen Entwicklungsgeschwindigkeiten Rechnung zu tragen. Dazu würde konsequenterweise auch die Frage gehören, wie wir den Lernerfolg unserer Schüler:innen überprüfen wollten und welche Form der Leistungsrückmeldung unserem Anspruch am besten entsprechen würde. Wenn es um mehr gehen sollte als das Feststellen der noch vorhandenen Defizite, dann müssten auch Lernerfolgskontrollen in Tempo und Anforderung individualisiert gestaltet und die Ziffernnoten abgeschafft werden. Bei uns würden Kinder und Eltern eine individuelle Rückmeldung zum jeweiligen Leistungsstand erhalten. Wir würden die Entwicklung von Kompetenzen nicht mehr in starren Grenzen traditioneller Schulfächer sehen, sondern Lernen auf unterschiedlichsten Gebieten als wertvoll ansehen. Das war und ist unsere Vision.

Was sich so hochtrabend anhört, ist jeden Tag im Kleinen spürbar. Die AG K-Pop knüpft nicht nur an die Interessen meiner Schüler:innen an, sondern ist ebenso wie ein Literaturkurs in der Lage, Bildung zu vermitteln. Das wird besonders deutlich, wenn es nicht mehr um einen Wissenskanon geht, sondern Kompetenzen in den Blick genommen werden. Dann trägt K-Pop nämlich erfolgreich dazu bei, dass Schüler:innen sich persönlich, sozial und methodisch bilden. Das Gleiche gilt auch für das Fach Soziales Lernen, das nur im Rahmen des gebundenen Ganztagsangebots verwirklicht werden kann. Gebunden bedeutet, dass Schüler:innen in abwechselnden Phasen von formellen und informellen Bildungsangeboten bis nachmittags auf dem Campus sind.

Inhalte werden in der kompetenzorientierten Schule nicht mehr um ihrer selbst willen unterrichtet. Um sie zu erarbeiten, werden Methoden eingeübt, die auf andere Situationen übertragbar sind. Damit verabschieden wir uns auch von der Illusion, man könne das Wissen der Welt möglichst umfassend in Schüler:innenköpfe transportieren. Dafür ist unsere Welt nicht erst seit den letzten Jahren viel zu komplex. Viel wichtiger ist es zu vermitteln, wie Wissen recherchiert und handhabbar gemacht werden kann. Das versuchen wir mit allen unseren Angeboten.

Die entstehende Dynamik, die Auswärtige manchmal als chaotisch empfinden, ist gewünscht und wird gefördert. Das sieht man schon an den Räumen und dem Interieur. Das beweist auch die Bandbreite an Projekten, die wir anbieten. Seit dem ersten Campustag spielen künstlerische Darbietungen in unterschiedlichen Formaten eine große Rolle. Auf diese Weise sehen und fördern wir die Talente der Schüler:innen und bringen sie zur Aufführung. So laden wir immer zum Sommer- und Weihnachtskonzert ein und sind Teil des Werkstättenkonzerts musikbetonter Grundschulen in der Berliner Philharmonie. Einmal im Jahr sucht Rütli sogar ein Supertalent. Dabei geht es neben den unterschiedlichen Aufführungen in den Bereichen Gesang, Klavier, Beatboxing, Tanz und anderen immer auch um soziale Kompetenzen wie Fairness, Wertschätzung, Einsatzbereitschaft. Dann ist die Bühne frei für Schüler:innen mit ihren verschiedenen Interessen und Fähigkeiten. Daran wachsen sie.

Sie wachsen auch, wenn sie selbst Themenstellungen entwerfen können, die sie persönlich interessieren. Müssen Probleme und Lösungswege zwingend von Pädagog:innen vorgegeben werden? Nein. Deshalb existiert seit 2009 die Lernwerkstatt in unserer Grundstufe. Sie knüpft an ureigene Fragen der Kinder an: Haben Schlangen ein Gehirn? Hatten Regenwürmer früher mal Beine? Wie kommt ein Apfelkern aus der Erde wieder zurück in den Apfel am Baum? Wie viel wiegt mein Kopf? In der Lernwerkstatt haben diese und andere Fragen ihren Platz, und sie lässt den Kindern den Raum, eigene Lösungswege zu suchen und zu finden.

Der Campus Rütli denkt aber nicht nur an seine Schüler:innen. Er versteht sich als ein sozialräumliches Bildungsprojekt mit verschiedenen Stakeholdern aus Politik, Verwaltung und Stiftungen. Seine Vertreter:innen haben in einem gemeinsamen Ringen beispielsweise die Stadtteilwerkstatt in der Villa Kunterbunt, einer der beiden Campuskitas, möglich gemacht. 2014 wurde sie in Anwesenheit von viel Prominenz eröffnet. Sie ist für den Campus ein zentrales Projekt, denn sie erlaubt nicht nur unseren Grundschüler:innen, sondern auch Kindergartenkindern verschiedenster Einrichtungen aus dem Stadtteil ein forschend-entdeckendes Lernen. So können Kinder noch länger entlang der eigenen Bildungsbiografie lernen und lieb gewonnene Lernszenarien auf ihrem Bildungsweg wiedererkennen.

Wir wollen aber auch in das Alltagsleben der Kinder und Jugendlichen hineinwirken. Außerhalb von Schule und Schulzeit. Neukölln hat aus vielerlei Gründen den Nimbus eines verrufenen Stadtteils. Gleichzeitig ist dieser Bezirk die Heimat vieler junger Menschen mit vielen verschiedenen Herkünften. Um ihrer Sicht auf den Bezirk eine Plattform zu geben, entstand 2019 »Kiezkids«, ein von Schüler:innen gedrehter Dokumentarfilm über ihren Stadtteil.

Auf diese Weise ließe sich weitererzählen über das, was wir unter »Lernen neu denken« verstehen. Dieser Weg ist nicht zu Ende und wird es wohl auch nie sein. Wenn wir verwirklicht haben, was uns heute vorschwebt, werden andere Erfordernisse unser Handeln bestimmen. Dürfte ich mir hier und jetzt etwas wünschen, dann wäre es, den Übergang von Schule in Beruf, der gerade von Jugendlichen aus schwierigen Verhältnissen oft nicht so gut gemeistert wird, zu verbessern. Das ist eines der immer noch unvollendeten Kapitel des Campus Rütli. Denn die Finanzierung der Berufswerkstatt ist ungewiss.

Genauso ungewiss ist die Verstetigung der Pädagogischen Werkstatt. Mit Stiftungsmitteln ins Leben gerufen, hat sie gezeigt, dass sie mit ihrer Arbeit wesentlich zum Gelingen des Campus Rütli beiträgt. Jetzt zieht sich die Freudenberg Stiftung nach langen Jahren der Unterstützung allmählich zurück. Und nun? Was es jetzt bräuchte, ist die verbindliche Förderung durch den Bezirk und/oder die Senatsverwaltung. Bisher steht die Zusage noch aus. Doch ich glaube an Lösungen und bin sicher, dass sich für diese und auch für andere Visionen Wege finden lassen – wenn alle Beteiligten es wollen.

Von Kompetenzorientierung profitieren übrigens nicht nur die Schüler:innen. Auch die Arbeit der Lehrkräfte wird deutlicher und vor allem ganzheitlicher anerkannt. In einer kompetenzorientierten Schule hat eben nicht nur die etwas gemacht, die Goethes »Faust« im Deutschunterricht durchgebracht hat. Erfolgreich ist genauso der, der den Schüler:innen die Rhythmen und Schritte zu einer gemeinsamen Choreografie des angesagtesten Tanzstils beigebracht hat.

Campus Rütli, das bedeutet seit dem ersten Tag, Lernen neu zu denken. Damit sind wir Teil einer gesamtgesellschaftlichen Entwicklung. Aber ich behaupte: Hier wird aufgrund des besonderen Startpunkts, der außerordentlich diversen Schülerschaft und der großen Dynamik im Kiez kontinuierlicher als an manch anderen Orten auf das Lernen fürs Leben Wert gelegt. Es zählt aber nicht nur Handlungsfähigkeit, auch die Inhalte bleiben wichtig, für alle Beteiligten. Deswegen bilden wir zwar kompetente Schüler:innen aus, verzichten aber trotzdem nicht auf die Basics. Mein Lieblingsbeispiel: Die

Vermittlung von Orthografie, Grammatik und Zeichensetzung. Selbst wenn die Autokorrektur zukünftig noch besser werden sollte, unsere Absichten erkennt sie nicht. »Schüler, sagen Lehrer, haben es gut« und »Schüler sagen, Lehrer haben es gut« sind eben zwei verschiedene Wahrheiten. Das auseinanderzuhalten ist Wissen. Man kann und muss es einfach intus haben. Um dieses Wissen anwenden zu können, braucht es Kompetenzen.

Die Sehnsucht nach dem Meer

Klagen über die Jugend von heute sind so alt wie die Menschheit. Die Sumerer unterstellten ihr Umsturzgedanken. Sokrates beschwerte sich über mangelnde Achtung vor der Autorität. Gregor von Tours kritisierte im Frühmittelalter die Disziplinlosigkeit, die Deutsche Industrie- und Handelskammer attestierte ihr 2014 Faulheit und geringe Belastbarkeit.

Als 2006 der Brandbrief Berlins Bildungspolitik erschütterte, schwenkten viele Medien auf dieses Narrativ ein. Der Brief lieferte die Grunderzählung: totale Ablehnung von Inhalten, menschenverachtendes Verhalten, Ignoranz, Gewalt gegen Mitschüler:innen und Lehrkräfte. Wo das noch nicht reichte, wurde in Einzelfällen sogar nachgeholfen. Gegen Geld posierten Schüler mit Messern und ballten die Fäuste.

Was nach Macht aussah, war aber das genaue Gegenteil: eine tiefe Ohnmacht gegenüber einer Schule, die keine Perspektiven bot. Die Jugendlichen begehrten auf, wie es Schülergenerationen vor ihnen schon getan haben. Das ist das Recht der Jugend. Doch dieses Recht hat Grenzen. Nämlich dort, wo die Unversehrtheit der anderen gefährdet ist. Und das war hier der Fall – die rote Linie war überschritten.

Es galt in der Folgezeit, alle Beteiligten wieder auf ein Feld zurückzuholen und ihnen eine gemeinsame Vision zu geben. Dafür steht ein Bild, das Antoine de Saint-Exupéry entworfen hat: »Wenn du ein Schiff bauen willst, beginne nicht damit, Holz zusammenzusuchen, Bretter zu schneiden und die Arbeit zu verteilen, sondern erwecke in den Herzen der Menschen die Sehnsucht nach dem großen und schönen Meer.« Die meisten Lehrkräfte der Rütli-Schule jedoch fühlten sich in ihrer Verlassenheit und Resignation nur noch in der Lage, zur Holzsuche, zum Bretterschneiden und zur Arbeitsverteilung aufzufordern – mit geringem Erfolg. Eine positive Vision hatten viele, die den Brandbrief schrieben, schon lange nicht mehr. Sie fühlten sich alleingelassen und waren entmutigt.

Und so unterrichteten sie die Schüler:innen nach einem Lehrplan, der diesen viel zu wenig sinnhaft vorkam. Er half ihnen weder in ihrer durch die Herkunftskultur ihrer Eltern bestimmten Gegenwart noch in einer unbestimmten Zukunft, in der sie kaum eine Chance für sich sahen.

Die Gründung des Campus war also wesentlich der Versuch, die Sehnsucht nach dem Meer zu wecken. Den Schüler:innen zu zeigen, dass wir ihre Lebenswirklichkeit im Blick haben, an ihre Fähigkeiten anknüpfen und ihre familiären Hintergründe schätzen wollen.

Das bedeutet bis heute auch, dass es zwar einerseits Vorgaben darüber gibt, was in Deutschland als lernenswert gilt. Andererseits erkennen wir an, dass unsere Schüler:innen Fähigkeiten und Fertigkeiten haben, die zwar im Lehrplan keinen Platz, aber fürs Leben ein großes Potenzial haben. Ihre Mehrsprachigkeit, ihre Fähigkeit, zwischen Kulturen zu vermitteln und in mehreren heimisch zu sein, sind in einer globalisierten Welt ein Plus. Und natürlich stellen wir das Verbindende ins Zentrum unseres Miteinanders – die Sehnsucht nach unserem Meer.

Um das zu erreichen, gibt es eine wesentliche Voraussetzung: Wir dürfen nicht glauben, dass Schüler:innen lediglich nach genauer Anleitung Holz suchen oder Bretter schneiden können. Wir müssen und wollen ihnen zutrauen, das Meer auf ihren eigenen Schiffen zu erkunden.

Nie erlebe ich Schüler:innen engagierter als bei selbst gewählten Projekten. Vor einigen Jahren etwa kamen einige zu mir und schlugen mir vor, für Lehrer:innen – und später auch für Mitschüler:innen – einen Workshop über Lernplattformen zur Ergänzung des Unterrichts zu geben. Sie wollten zeigen, dass man bei der Vor- und Nachbereitung von Unterricht nicht nur auf die Lehrkräfte angewiesen war. Auch andere Menschen können gut erklären – ohne Schule ersetzen zu wollen. Ich war begeistert von ihrem Engagement, von dem Feuer in ihren Augen, als sie uns stolz vorstellten, welche digitalen Angebote sie nutzten. Ich lernte inhaltlich Neues – das mir in der Pandemie später zugutekam –, aber ich sah auch eine ganz neue Seite meiner Schüler:innen. In jedem Satz spürte ich ihren unbedingten Willen, es zu schaffen. Den eigenen Weg zu gehen, zu teilen und stolz auf ihn zu sein. Ich war und bin gerührt, denn in solchen Momenten sehe ich die Schiffe aufs Meer hinausfahren.

Rütli für alle – 20 Forderungen

Keine Failing Schools

Schulen, die wie 2006 die Rütli-Schule in Schieflage sind, unterscheiden sich vor allem in einer Hinsicht von funktionierenden Schulen. Das sind weder die schlechten Schüler:innen noch die ausgelaugten oder gar nicht vorhandenen Lehrkräfte, auch nicht das mangelnde Budget, die fehlende Oberstufe oder die herausfordernde Lage im Brennpunkt. Darunter leiden viele Schulen in Deutschland, das ist Teil der Bildungsmisere. Ich weiß nur zu gut, dass all diese Punkte große, manchmal sogar unüberwindbare Hürden darstellen. Es ist Aufgabe der Politik, all diese Missstände nicht nur in den Blick zu nehmen, sondern zu beheben – dafür wurden die Politiker:innen gewählt. Bei Failing Schools kommt ein Punkt erschwerend hinzu: die fatale Überzeugung, dass die Schule ohne Politik und Verwaltung nur aus sich heraus nichts zum Besseren wenden kann. Failing Schools haben resigniert.

Sie brauchen Unterstützung bei Themen, die in funktionierenden Schulen zumeist schulintern gelöst werden. Oder wo zumindest noch die Kraft vorhanden ist, Hilfe von außen zu holen. Eine Schule, die sich nicht mehr selbst helfen kann, wieder steuerungsfähig zu machen, ist keine leichte Sache.

Zuerst muss klar werden: Hier gibt es eine Schieflage. In einem Schulverwaltungssystem, das jedes Problem als Störfaktor empfindet, ist das nicht selbstverständlich. In Berlin wurden jahrzehntelang alle Schulen turnusmäßig inspiziert. Bis der Köller-Bericht aufdeckte: Die Inspektion hat keine positiven Auswirkungen. Sie wiegt viele Schulen in falscher Sicherheit und führt in Failing Schools zu keiner Verbesserung. Seitdem ist die Inspektion nach Checkliste abgeschafft. Doch immer noch gilt es, jene Schulen zu identifizieren, an denen Kinder und Jugendliche verloren gehen.

Das heißt, es braucht ein Monitoring. Sinnvollerweise schaut man sich dafür an: Wo werden nur wenige Kinder angemeldet? Das sind Schulen, die im Sozialraum kein Vertrauen haben. Wo gibt es schlechte Schulleistungsdaten, also Schüler:innen ohne Abschluss, viele Schulabbrecher:innen und schlechte Leistungen in Vergleichstests? Dort findet kein erfolgreiches Lernen statt. Und wo werden viele Schüler:innen an andere Schule verwiesen? Das deutet darauf hin, dass der Schulfrieden nachhaltig gestört ist. In all diesen Fällen muss die Schulaufsicht Fragen stellen – und präsent sein.

Das kann nicht im Modus der Überwachung geschehen. Vielmehr muss es darum gehen, Hilfebedarf zu identifizieren. Dafür muss eine Kommunikationskultur etabliert sein, in der Erfolge und Misserfolge thematisiert werden können. Erst danach kann gemeinsam überlegt werden: Wie kann man eine komplexe Problemlage so unterteilen, dass kleine Pakete entstehen, die einzeln lösbar sind? Welche Rolle kann die Schulaufsicht spielen – beispielsweise durch gezielte Unterstützung? Und wie können Ressourcen in der Schule genutzt werden?

Damit dieser Weg erfolgreich beschritten wird, braucht es aufseiten der Schulaufsicht entsprechende Problemlösungskompetenz. Die ist vor allem bei Mitarbeiter:innen vorhanden, die selbst in der Schulleitung tätig waren. Im weiteren Verlauf kommt es darauf an, dass die Schule in der Verantwortung ist, das Steuer wieder zu übernehmen. Unterstützend brauchen Menschen in dieser schwierigen Lage Ermutigung und Kritik. Das gelingt, wenn schnell erste Erfolgserlebnisse sichtbar werden. Auch in Failing Schools besteht ein Bewusstsein, an welchen Stellen kleine Veränderungen möglich sind. Vielleicht kann ein wöchentlicher Gesprächskreis im Kollegium installiert werden. Womöglich können Schüler:innen wertschätzendes Feedback erhalten oder Räumlichkeiten gemeinschaftsbildend umfunktioniert werden. Alles, was zeigt »Hier findet Veränderung statt« und »Wir trauen uns etwas Neues«, hilft, die Schockstarre an Schulen in Schieflage aufzubrechen. In der Folgezeit kann jeder kleine Erfolg als Sprungbrett für weitere Veränderungen genutzt werden. Denn die wichtigste Hürde ist damit geschafft: das Mindset auf wirksame Veränderung zu programmieren. Das ist der Rahmen, in dem Schulen wieder handlungsfähig gemacht werden können. Dass dabei Fortbilder:innen, Moderator:innen, Super- oder Intervisor:innen, Schulleitungen und auch Kolleg:innen eine wichtige Funktion übernehmen können, versteht sich von selbst. Es braucht multiprofessionelle Anstrengungen, um große Schwierigkeiten zu überwinden.

Eines aber ist klar: Es gibt kein Patentrezept. Wenn es das gäbe, dann hätte man das erfolgreiche Modell des Campus Rütli anderswo genauso erfolgreich wiederholt. Aber: Das Kopieren eines funktionierenden Modellprojekts ist nicht alles. Keine Schule kommt ohne ein Mission Statement aus. Veränderung klappt nur, wenn dahinter eine Haltung steckt. Erst dann kann gemeinsam gearbeitet werden. Ein gutes Beispiel dafür ist das Modell der Ganztagsschule. Würde ich mich vor das Kollegium stellen und einfach die Einführung des Nachmittagsunterrichts verkünden, stieße ich auf einigen

Widerstand. Vermutlich gäbe es Kolleg:innen, die meinen, sie müssten jetzt ausbaden, dass ich keine familiären Verpflichtungen und daher Langeweile hätte. Deswegen verkünde ich nicht, ich erinnere und frage. Unser Leitbild lautet: Kein Kind, kein Jugendlicher geht verloren. Wie gelingt das in einem Sozialraum, der allzu oft von sozioökonomischen Härten geprägt ist, am besten? Richtig, indem Schüler:innen gemeinsam formell und informell lernen, Struktur erfahren und anerkannt werden – in einem festen Rahmen. Dabei ist das rhythmisierte Ganztagesangebot unverzichtbar. Alles, was dieser Haltung widerspricht, kann also nicht Teil der Campusentwicklung sein.

Nur mit dieser Haltung konnte sich die Rütli-Schule, ein Bildungsort in Schieflage, im Rahmen des Campus Rütli zu einer erfolgreichen Lernlandschaft entwickeln. Noch besser wäre es gewesen, gar nicht erst auf das Scheitern zu warten. Failing School bedeutet immer, dass es schon einige Jahrgänge gibt, die die Schule unter ungünstigen Bedingungen besucht und beendet haben.

Das Zauberwort heißt Prävention. Die kann darin bestehen, frühzeitig von der Schulaufsicht bedarfsorientiert begleitet zu werden – in regelmäßigen Gesprächskreisen, durch maßgeschneiderte Unterstützungsangebote. Viele Schulen sind aufgeschlossen, Best Practices aus anderen Bildungseinrichtungen kennenzulernen – in Vortrags- und Workshopformaten, aber auch durch Hospitationen. Zur Prävention gehört die Möglichkeit, Problemlagen zu benennen und frühzeitig Lösungen zu suchen. Das gelingt, wenn die eigene Arbeit (angeleitet) hinterfragt und der Reflex unterbunden wird, immer auf äußere Hindernisse zu verweisen. Hilfreich ist es auch – so eine wichtige Erfahrung des Campus Rütli –, externes Engagement und Begleitung zu ermöglichen. Stiftungsmittel haben uns beispielsweise Klausurtagungen ermöglicht, in denen Lehrer:innen abseits des Schulalltags um kontroverse Themen ringen, Ideen für den Lernort entwickeln und als Team zusammenwachsen konnten. Doch Geld darf nicht mehr oder minder zufällig von außen kommen. Auch wenn sich der Erfolg von Prävention nur schwer beziffern lässt: Sie benötigt stabile finanzielle Mittel nach dem Prinzip »Vorsorge ist besser als Nachsorge«.

Was strauchelnde Schulen brauchen, ist eine Unterstützung, die sich an einem chinesischen Sprichwort orientiert: Wenn der Wind der Veränderung weht, bauen die einen Mauern und die anderen Windmühlen. Schulen sollten den Wind nicht mehr fürchten, sondern nutzen.

Die Restschule hat ausgedient

Seien wir ehrlich: Wie auch immer die Schulform genannt wird – Hauptschule, Mittelschule oder noch anders –, jahrzehntelang gab es im dreigliedrigen Schulsystem zwei Schularten, die angesehene Abschlüsse vergaben, und eine, in die der Rest der Schüler:innenschaft ausgelagert wurde. Dort konnten und können leistungsfähige Schüler:innen ebenfalls Abschlüsse erwerben, der erworbene Abschluss gilt aber als nichts wert. Und so sorgt das gesellschaftliche Stigma dafür, dass die Leistungsbereitschaft dieser Schüler:innen insgesamt niedriger ist.

Das Abschieben an die Restschule passierte und passiert mit verschiedenen offiziellen Argumenten. Am sympathischsten klingt: »Dort werden Pädagog:innen den Anforderungen dieser Schüler:innen am besten gerecht.« Oft wird das ergänzt durch: »Das schaffen wir [vom Gymnasium, von der Realschule] nicht, wir sollen hier gute Schüler:innen fördern.« Beides sind Deckmäntelchen, die nur notdürftig verdecken können, dass es um etwas ganz anderes geht. Nämlich um mangelnde Kompetenz und Bereitschaft, diesen Schüler:innen gerecht zu werden, oft bedingt durch eine nicht zeitgemäße Ausbildung, Angst vor Elternprotest und vor den vielfältigen Herausforderungen, die eine diverse Schüler:innenschaft an das Lehrpersonal stellt. Und natürlich geht es um zu geringe sprachliche Kompetenzen aufseiten der Schüler:innen.

Wer hier zuerst an Migrant:innen denkt, denkt richtig und falsch zugleich. Wie schnell die Bildungssprache Deutsch gelernt wird, hängt wesentlich vom sozioökonomischen Status der Kinder ab. Die mangelnde Sprachkompetenz, die beklagt wird, findet sich also nicht nur in migrantisch geprägten Milieus. Natürlich ist die unzureichende Beherrschung sowohl der Familiensprache als auch der Sprache der Mehrheitsgesellschaft, die zugleich schulische Zielsprache ist, eine große Herausforderung und überdeckt im Schulalltag oft das intellektuelle Potenzial von Schüler:innen. Mit der Messung des sprachlichen Vermögens werden in vielen Bundesländern Kinder mit Sprachförderbedarf identifiziert. Sicher sollen solche Tests sensibilisieren und dabei helfen, Bildungsmittel angemessen zu verteilen. Aber es geht auch um Vorsortierung, darum, zwischen diesen und jenen zu trennen. Damit sind dann auch andere Unterschiede in der Sprache gemeint als nur grammatikalische Fähigkeiten oder Wortschatz. Es geht auch um Sprachkulturen, um Ausdrucksweisen und Kommunikationsregeln.

In Berlin beispielsweise wurde an Vorschulkindern zunächst der inzwischen wegen Diskriminierungsverdachts abgeschaffte Bärenstark-Test mit Fokus auf die Sprachstandserhebung durchgeführt. Abgelöst wurde er von Sprachlerntagebüchern im Kindergarten, die aber nur mit Zustimmung der Eltern von der Schule eingesehen und für eine Diagnostik verwendet werden dürfen. Das widerspricht dem passgenauen Fördergedanken, den die Wissenschaft propagiert. In der Realität herrscht sowieso eine ganz andere Logik: Wegen des in Deutschland geltenden Sprengel-Prinzips werden Schulanfänger:innen der ihrer Wohnadresse nächstgelegenen Schule zugewiesen. Die vorschulischen Sprachtests haben keinen Einfluss darauf, welche Schule ein Kind besucht. Die Grundschulen sind ein Abbild der sozialen Zusammensetzung des Wohnquartiers. Tests, Tagebücher und ähnliche Formate können deshalb nur allgemeine Steuerungsinstrumente für die politisch Verantwortlichen sein, um mehr Lehrerstunden, mehr Schulsozialarbeit, mehr Logopädie für Schulen in sozial benachteiligten Quartieren zuzuweisen.

Um individuelle Diagnostik und maßgeschneiderte Förderung geht es erst – jedenfalls in Berlin – in Jahrgangsstufe drei. Zwei Jahre lang bleibt es also den einzelnen Schulen überlassen, geeignete Instrumente zu finden. Das kann man erfolgreich machen, wie wir es tun. Aber dieses Engagement ist seitens der Schulverwaltung nicht verpflichtend. In der Grundstufe am Campus Rütli hat die Schule vor diesem Hintergrund schon vor mehr fast zwei Jahrzehnten am Modellprojekt FörMig teilgenommen, einem Programm zur Förderung von Kindern und Jugendlichen mit Migrationshintergrund. Den teilnehmenden Schulen wurden dabei Lesekoffer mit Kinderbüchern und kleinkindgroße Handpuppen mit beweglichem Mund zur Verfügung gestellt. Indem die Kinder den Lesekoffer reihum mit nach Hause nahmen, wurden auch die Eltern in diese Leseübung einbezogen. Meine Grundstufenleiterin erinnert sich zum Beispiel an Furhat. Nachdem er den Lesekoffer übers Wochenende über mitgenommen hatte, gab er ihn mit strahlenden Augen zurück und hörte nicht auf zu erzählen, was ihm in den Büchern begegnet war. Wie einfach war es, ihm und anderen die Welt der Bücher zu eröffnen. Schade, dass Kinder und Eltern nicht flächendeckend und nachhaltig von solch durchdachten Programmen profitieren.

Heute existiert bei uns ein Sprachbildungskonzept für alle Jahrgangsstufen bis zum Abitur. So soll Sprach- und Kommunikationslernen aufeinander abgestimmt werden. Man kann sich das als Spirale vorstellen, die sich immer höherschraubt und in Richtung Kompetenz wächst. Außerdem werden unsere Lerngruppen konsequent für einige Stunden geteilt, um in Kleingruppen individualisierter zu lernen. Für unsere Schüler:innen lassen wir Sprachtagebücher, Logbücher oder Portfolios führen, was sie mit steigendem Alter selbst übernehmen. Diese zeigen anschaulich die Erfolge der Kinder, nicht nur beim Sprachlernen. Es liegt an uns, genau wahrzunehmen und gegebenenfalls weitere Unterstützung zu organisieren. Es kann sein, dass logopädische Therapie nötig oder psychologische Begleitung gefragt ist, damit Sprache sich erfolgreich entwickeln kann.

Doch wie schon angedeutet: Der voreilige Schluss von Sprache auf Schulpassung ist nicht der einzige Mechanismus, mit dem zugleich ausgegrenzt und in die Restschule verschoben wird. Problematisch sind besonders jene Zuschreibungen, die sich anders als Sprache einer Anpassung entziehen. Ich kann zwar Sprachförderkurse einrichten, doch die kulturelle oder religiöse Vielfalt muss ich nicht ändern, sondern anerkennen und fruchtbar machen wollen. Dem steht jedoch ein teils unbewusster Alltagsrassismus gegenüber – vonseiten der Schüler:innen und Eltern, aber auch von den Lehrkräften. Untersuchungen zeigen, dass Letztere nicht gefeit sind vor ungerechtfertigten Zuschreibungen: Schüler:innen mit nichtdeutschem Hintergrund wird weniger zugetraut, sie werden im Unterricht seltener aktiv zur Mitarbeit aufgefordert, sie erlangen bei gleicher Intelligenz viel seltener eine Empfehlung für das Gymnasium.

Übrigens: An der Rütli-Schule im Norden Neuköllns, wo der Anteil von Schüler:innen mit Migrationshintergrund 2006 etwa 90 Prozent betrug, trat dieser Alltagsrassismus sicher nicht so ungebremst auf. Niemand hätte behauptet, keiner dieser Schüler könne irgendwas. Schließlich waren hier fast alle »die anderen«. Aber auch da gab und gibt es Zuschreibungen, beispielsweise sprachliche Rassismen. Die englische oder französische Muttersprache wird viel eher als Potenzial verstanden. Ein Kind, das zu Hause türkisch oder arabisch spricht, erlebt diesen Zuspruch für die Muttersprache wohl kaum.

Das wollten wir anders machen: Ein wichtiges Leitmotiv des Campus Rütli lautet »Stärken stärken«. Um die Familiensprache zu verbessern, aber auch, um die Deutschkenntnisse der mehrheitlich türkisch- und arabischstämmigen Schüler:innen zu stabilisieren, bieten wir seit 2007 in Zusammenarbeit mit der Volkshochschule Neukölln Kurse in Türkisch und Arabisch für Muttersprachler:innen an. Für die Kinder und Jugendlichen ist dieses weltanschaulich neutrale Angebot zusätzlich und freiwillig. Das Zertifikat öffnet ihnen die Tür in verschiedene qualifizierte Berufe, beispielsweise im öffentlichen Dienst. Ich erinnere mich gut an Jasmina, die vor Jahren einen der begehrten Ausbildungsplätze in der Verwaltung ergattert hat. Sie erzählte mir, dass nicht zuletzt ihre muttersprachlichen Kompetenzen im schriftlichen Bereich ihr sehr geholfen hätten, das Bewerber:innenverfahren erfolgreich zu bestehen. Leider immer noch eine Seltenheit, dass Arbeitgeber:innen diese Mehrsprachigkeit so wertschätzen – und ein Selbstwertboost für Jasmina.

Das muttersprachliche Lehrpersonal für die Sprachkurse wurde viele Jahre allein von der Volkshochschule gestellt. Seit 2021 setzt die Schulverwaltung zusätzlich auch direkt entsprechend ausgebildete Lehrer:innen an Schulen ein. Der Sprachtestanbieter Telc gGmbH nimmt die externen Prüfungen auf dem B1-Niveau des europäischen Sprachreferenzrahmens ab, und die Schüler:innen erhalten darüber ein Zertifikat.

Es gibt noch viele andere Gründe, warum junge Menschen unser Angebot annehmen. Wir unterstreichen seine Wertigkeit dadurch, dass wir uns um eine Anerkennung als zweite Fremdsprache für die gymnasiale Oberstufe bemüht und diese bei der Senatsverwaltung Bildung auch erreicht haben. Für uns war das ein wichtiges Signal: Wir unterbrechen den Kreislauf der Zuschreibung als minderwertige Sprache und der daraus folgenden kulturellen Stigmatisierungen. Wir erkennen Türkisch und Arabisch als wertvolle Sprachen und die kulturelle Herkunft unserer Schüler:innen und ihrer Familien als bereichernd an. Wir glauben an die Möglichkeiten der uns anvertrauten Kinder und Jugendlichen.

Sprache ist also nur ein Zeichen für und eine Möglichkeit der Ausgrenzung. Noch tiefgreifender und als negative Vorurteile viel schwerer zu widerlegen sind manch andere kulturelle Zuschreibungen – und nicht alle sind von der Hand zu weisen. Aber es geht um Verstehen und nicht um Abwerten. Beispielsweise die Unterstützung aus dem Elternhaus – oder eben deren (angebliches) Fehlen. Ich habe es bereits an anderer Stelle beschrieben: In Deutschland ist schulischer Erfolg erheblich vom sozioökonomischen Hintergrund der Familie abhängig. Für Kinder im Gymnasium sind die nachmittäglichen Nachhilfestunden zu Hause oft feste Bausteine auf dem Weg zu schulischem Erfolg. In migrantischen Familien gibt es dieses Konzept deutlich seltener. Die Gründe sind unterschiedlich: prekäre Lebensbedingungen, sprachliche Herausforderungen oder auch kulturelle Überzeugungen. Viele Eltern unserer arabischen Schüler:innen sind zum Beispiel bildungsorientiert und am Bildungsweg ihrer Kinder durchaus interessiert. Was sie kulturell bedingt jedoch oft nicht sind: Bildungsbegleiter:innen. Schule ist für sie meist ein abgegrenzter Raum, in dem Lehrkräfte agieren und in dem sie selbst nichts zu suchen haben. Das zeigt sich mitunter in der Aufforderung an uns Lehrkräfte, beim Kind richtig »durchzugreifen«, wenn das Engagement oder die Leistungen zu wünschen übrig lassen. Als Aufgabe des Elternhauses wird das weniger verstanden. Für diese Eltern herrscht eine klare Kompetenzverteilung, wer für welchen Lebensbereich zuständig ist – die aber nicht mit dem deutschen Bildungssystem korrespondiert.

Bildungsfern bedeutet also nicht notwendigerweise uninteressiert, sondern uninformiert über die in Deutschland notwendigen, sinnvollen und möglichen Schritte auf dem

Bildungsweg. Eltern sind bei diesem Thema in diesem Sinne von Anfang an starke Partner, die uns vertrauen können: »Sie wollen, dass Ihr Kind erfolgreich ist. Wir auch. Und wir zeigen Ihnen, wie es geht.«

Eltern können so verstehen, dass Schule, Schulpsychologie und Jugendamt Orte der Unterstützung und Begleitung sind. Für uns eine Selbstverständlichkeit, für migrantische Eltern leider nicht immer. Eine Mutter, die wir aus den Elternfrühstücken lange und gut kannten, kam eines Tages sehr aufgeregt in die Schule. Sie war in größter Sorge, dass ihr Sohn Ibrahim sich dem IS anschließt. Wir stellten Kontakt her zu Claudia Dantschke und ihrem Verein »Hayat«. Dort ist eine Beratung möglich, die darauf zielt, »eine islamistische Radikalisierung der nahen Person zu verhindern, aufzuhalten oder umzukehren«. Was folgte, war ein schwieriger Prozess, der am Ende für Ibrahim und seine Familie gut ausging. Ich bin mir sicher: Ohne den guten Kontakt, den Schule und Elternhaus zuvor schon aufgebaut hatten, wäre das kaum möglich gewesen. Niemals hätte sich die Mutter uns anvertraut. Niemals hätte Ibrahim geglaubt, dass wir ihm helfen wollten. Und vielleicht hätten wir niemals erkannt, dass Ibrahim sich radikalisiert hatte.

Manche Aspekte werden aber ausschließlich auf migrantische Milieus bezogen, obwohl es sich um gesamtgesellschaftliche Phänomene handelt. Neukölln hat beispielsweise einen Beauftragten für religiöses Cybermobbing. Ohne Frage ein wichtiges, manchmal auch schulisch relevantes Thema. Cybermobbing ist schlimm und bedrängend, und ein Teil dieses Mobbings ist sicher religiös. Aber den Beauftragten per Subtext lediglich in diesem Bereich aktiv werden zu lassen und nicht die viel wichtigere und umfassendere Frage zu stellen, wie wir als Menschen miteinander umgehen wollen, ist diskriminierend.

Zurück zu allen Schüler:innen am Campus: Sie spüren natürlich die bildungsbürgerlichen Vorbehalte und sind ihnen oft ausgeliefert. Es geht um mangelnden Fleiß, Unordnung und nicht zuletzt die allgemeine Einschätzung, diese Schüler:innen würden zu Hause schlecht erzogen. Dabei liegt ihrem Verhalten oft eine kommunikative Erfahrung zugrunde. Wer zu Hause gelernt hat, dass sich der Lauteste oder die Hartnäckigste durchsetzt, kann das im schulischen Rahmen nicht abstellen. Oft fehlt die häusliche Ansprache, manchmal Zeit für das einzelne Kind und teilweise auch das Vorbild, um sich erfolgreich im schulischen und gesellschaftlichen Rahmen zu bewähren.

Gerade deshalb braucht es ein offenes Ohr. Ich will das an einem Beispiel illustrieren. In einer Oberstufenklasse meines Kollegen meinten die Schüler:innen, der Islam werde in Deutschland diskreditiert. Sie würden abgestempelt und die Medien pauschal gegen sie hetzen. Der Kollege drückte zunächst sein Mitgefühl für diese schmerzliche Erfahrung aus und brachte dann verschiedene Zeitungen mit, die sich unterschiedlich zu dem Thema äußerten, von skandalisierend bis überlegt. Am Ende hatten die Schüler:innen verstanden, dass das Bild viel differenzierter war, als sie gedacht hatten, und der Kollege hatte erkannt, wie viel Wertschätzung diesen jungen Menschen fehlte und welche Probleme sie hatten, verallgemeinernde Aussagen zu verifizieren.

Auch wir als Lehrer:innen müssen stets aufpassen, nicht Teil dieser ausgrenzenden Gruppe zu sein. Nahezu alle Pädagog:innen kommen selbst aus dem Bildungsbürgertum und bewegen sich mit Selbstverständlichkeit in diesem Feld. Sie möchten ihren Schüler:innen helfen, in einer zunehmend individualisierten Gesellschaft erfolgreich zu sein. Doch die Orientierung in den Familien dieser Kinder und Jugendlichen ist oft viel stärker familiär ausgerichtet. Das selbstbestimmte Subjekt ist womöglich gar nicht das Ziel, sondern eher das persönliche Glück im enger gesteckten familiären (Erwartungs-)Rahmen. Und statt sich diesen unterschiedlichen Erwartungen zu öffnen, behilft sich die mittelstandsorientierte Gesellschaft mit der Abschiebung in die Restschule, deren Lösungshorizont durch die Rahmenbedingungen stark verengt ist. Die kleineren Klassen und die erhöhten Lehrerstunden allein werden das Problem nicht beheben.

Das sehen wir an den hohen Schulabbrecher:innenquoten und am schwierigen Übergang ins Berufsleben. Restschulen wurden und werden auch deshalb oft so bezeichnet, weil mit ihnen oft nicht mehr die Erwartung verbunden ist, erfolgreich in eine Ausbildung zu wechseln. Manche Schüler:innen ergeben sich angesichts dieser Perspektivlosigkeit in die Aussicht auf eine Hartz-IV-Karriere.

Alles in allem bin ich gerade deswegen der Ansicht: Es wäre fatal, Schwierigkeiten nicht zu benennen. Man kann und muss Dinge als schwierig darlegen, wenn sie das sind. Doch Engführung hilft uns nicht. Sie führt nur zur Spaltung. Der Schluss »Das schaffen wir nicht, die Restschule soll's richten« ist inakzeptabel.

Miteinander lernen heißt fürs Leben lernen

Lernen ist eine lebenslange Aufgabe und ein lebenslanges Privileg. Es ist ein Kinderrecht und für alle, die damit in dieser ersten Lebensphase befasst sind, ein Auftrag.

Schaut man sich die Bildungslandschaft jedoch an, könnte man auf die Idee kommen, es gäbe Lerninseln, die wenig miteinander zu tun haben. Hier die Kindertagesstätte oder Schule, dort eine Volkshochschule oder ein Verein, ein Sprachcamp oder eine Musikakademie.

Am Campus Rütli sind wir überzeugt, dass miteinander lernen heißt, fürs Leben zu lernen. Und zwar mit möglichst wenig Brüchen. Und barrierefrei.

Ob Gemeinschaftsschule, Gesamtschule, integrierte Sekundarschule oder Einheitsschule, immer geht es darum, die äußere Differenzierung zu vermeiden und mit den Mitteln der inneren Differenzierung ein durchlässigeres System zu schaffen. Die genannten Schulformen bilden die Gesellschaft realitätsnäher ab und ermöglichen daher, mit-, von- und übereinander zu lernen. Die Grundschule macht es seit jeher vor. Dort lernen Kinder mit unterschiedlichen Voraussetzungen und Bedürfnissen erfolgreich zusammen. Dieses Prinzip ließe sich fortführen. So entfiele auch das belastende Übertrittsverfahren. Es gäbe mehr Chancen für individuelle Entwicklungsgeschwindigkeiten und Lernwege.

Ich selbst bin von diesem Modell absolut überzeugt. Denn oft sehe ich bei meinen Schüler:innen beeindruckende Lebenswege, die es nicht gegeben hätte ohne eine Schule, die Chancen für Veränderung bereithält. Zum Beispiel für Leo, der in Jahrgangsstufe sechs noch vor sich hinträumte, aber in der zehnten Klasse zu den Besten des Jahrgangs gehörte. Oder für Zümra, die in Jahrgangsstufe neun große persönliche Probleme hatte und eine Weile in ärztlicher Obhut bleiben musste, danach aber in ihr bekanntes Schulumfeld zurückkehren konnte – mit vielen auf sie zugeschnittenen

Möglichkeiten, wieder bei uns anzukommen und einen Weg zurückzufinden.

Natürlich kenne ich die Kritik: Bei den PISA-Studien liegen die Ergebnisse von Gemeinschaftsschulen teils deutlich unter denen anderer Schulformen. Auch hier gilt es, die vielfältigen Aspekte, die zu diesen Ergebnissen führen, in den Blick zu nehmen. Ein Schüler, der am Gymnasium das Probejahr in Klasse sieben nicht besteht, taucht später in den Leistungsdaten dieser Schule nicht mehr auf. Wohl aber in denen der aufnehmenden Schule. Hinzu kommt, dass die Umsetzung der Forderung nach Teilhabe aus der UN-Behindertenrechtskonvention nur in den integrierten Schulformen realisiert wird. Warum eigentlich?

Die Ergebnisse der PISA-Studien können sicher die Meinung bestärken, dass das gegliederte Schulsystem leistungsfähiger sei. Doch Schule muss mehr sein als Leistungsschau. Sie soll aufs Leben vorbereiten. Dabei muss die Frage beantwortet werden, wie wir einen guten Umgang mit Kindern und Jugendlichen finden, die besondere Bedarfe haben. Natürlich darf die Gemeinschaftsschule kein Ort der Nivellierung sein. Es braucht vielfältige Förderangebote für die Schwächsten und die Stärksten – und für die Mitte sowieso. Dieser Herausforderung stellen sich integrierte Schulformen besser als andere. Selbstverständlich muss um die richtige Herangehensweise gerungen werden. Schulleistungsdaten geben dafür wichtige Hinweise und müssen Teil der Basisarbeit gerade von Gemeinschaftsschulen sein. Aber sie sollten nicht als Maßstab dienen, um die Desintegration zu fördern.

Hinter dem brucharmen und barrierefreien Bildungsweg steckt auch die Überzeugung, dass die verschiedenen Angebote im öffentlichen Raum keine Konkurrenz sind, sondern einander ergänzen. Christina Rau hat auf die Frage nach Veränderungen im Bildungsbereich geantwortet: »Mein Motto ist es, lieber in Verantwortung zu handeln, als nur in Zuständigkeiten zu denken.« Gerade diese Idee war es, die mich gereizt hat, 2011 die Campusleitung zu übernehmen und nicht nur an einem Standort Schulleiterin zu werden.

Barrierefrei fängt schon damit an, wie viel oder wenig das Campusgelände abgeschlossen ist. Und zwar nicht als Institution, sondern allein durch seine Lage. Durch den Campus geht eine teilentwidmete Straße, die der Öffentlichkeit einen Stadtraum bietet. Jede:r ist eingeladen, diesen Raum mitzunutzen. Wenn ich an einem Sonntag aufs Gelände gehe, dann spielen hier Kinder, Erwachsene sitzen schwatzend beieinander, und junge Menschen machen Sport.

Wir laden auch zu temporären Ausstellungen im Foyer unserer Sporthalle ein, die folgerichtig Quartiershalle heißt. Seit 2013 ermöglichen wir hier Kindern und Jugendlichen mithilfe der Pädagogischen Werkstatt einen Zugang zu künstlerischer Bildung. Sie können mit zeitgenössischen Künstler:innen gemeinsam etwas erschaffen. Unter dem Titel »Transformation« fanden schon zahlreiche Kreativworkshops statt, die zu bisher zehn Ausstellungen führten. Kuratiert werden sie von einer Mitarbeiterin der Pädagogischen Werkstatt. Seit Herbst 2016 sind nicht nur wir dabei, sondern es kamen weitere Bildungseinrichtungen dazu – ganz im Sinne eines noch größeren Miteinanders. Denn nur wenn wir uns kennen(lernen), können wir spüren, dass wir das Gleiche wollen.

Als jüngstes Projekt haben wir uns auf dem Campus mit Hanno Günther und der Rütli-Gruppe beschäftigt, einer Widerstandseinheit in der Zeit des Nationalsozialismus. Unter dem Titel »Und raus bist du?!« haben sich verschiedene Lerngruppen der Geschichte und der aktuellen Frage gewidmet: »Wie können wir uns heute für ein gutes Zusammenleben in einer friedlichen, demokratischen und vielfältigen Gesellschaft einsetzen?« Ihre Ergebnisse haben die Schüler:innen in der Quartiershalle ausgestellt, wo Eltern, Kiezbewohner:innen und alle Interessierten hinkommen können.

Rund um den Campus Rütli sind im Laufe der Jahre weitere gute Kooperationsstrukturen entstanden, die gepflegt werden wollen. Seit 2019 steht mir Katharina Riedel als Campusmanagerin fürs Operative zur Seite. Sie nimmt die einzelnen Module wie auch den Campus als Ganzes gemeinsam mit mir in den Blick. Sie ist im Alltag präsent und aufgeschlossen für Veränderungen. In ihr haben wir eine gute Zuhörerin und Partnerin, um unsere manchmal ungewöhnlichen Ideen voranzutreiben und sie der Öffentlichkeit bekannt zu machen. Sie genießt großes Vertrauen bei allen Akteuren. Gleiches gilt für Sabine Neuhaus, die Verwaltungsleiterin des Campus Rütli. Bei ihr laufen alle Schwierigkeiten rund ums Bauen zusammen, aber auch die Beschwerden der Anwohner:innen über Lärm, Müll und leider auch Zerstörungen. Stets hat sie ein offenes und geduldiges Ohr und findet, wenn es in ihrer Hand liegt, gute Lösungen.

Aber welche Institutionen arbeiten nun eigentlich konkret zusammen? An unserem Miteinander auf dem Campus sind zwei Kindertagesstätten, eine Jugendfreizeiteinrichtung, die Gemeinschaftsschule, das Jugendamt, der Kinder- und Jugendgesundheitsdienst, das Stadtteilbüro, die Volkshochschule, die Musikschule und andere beteiligt. Musikbetonte Schule zu sein funktioniert nicht ohne die Musikschule. Unsere Arabisch- und Türkischkurse wären nicht möglich ohne die Volkshochschule. Unseren Schüler:innen würden Nachmittagsangebote fehlen ohne die Jugendfreizeiteinrichtung Manege.

Christina Rau hat einmal gesagt, es könne doch nicht sein, dass morgens die Schule zuständig sei, nachmittags die Jugendeinrichtung und abends die Polizei. Zuständigkeit ist nämlich nicht der richtige Ansatz. Es geht nicht ums Verwahren, sondern ums Begleiten. Das Miteinander ist nicht nur ein Lernprozess von Schüler:innen, sondern vor allem von uns Akteur:innen.

Dazu braucht es ein Umdenken von allen Seiten. Und einen Abbau von Ängsten. Bisher läuft es in den Angeboten für Kinder und Jugendliche oft so: Jeder hat seinen eigenen Zugang. Das hat auch mit unterschiedlichen Selbstverständnissen zu tun. Ein Beispiel: Eine Jugendfreizeiteinrichtung ist ein freiwillig aufgesuchter Ort, eine Schule verkörpert Zwang.

Als der Campus entstand und ich Campusleiterin wurde, fragten sich die Mitarbeiter:innen der Jugendfreizeiteinrichtung zu Recht: Werden die Grundlagen unserer Arbeit hier verstanden, berücksichtigt und gefördert? Oder werden wir zum Anhängsel der Schule, deren Leiterin nun auf unsere Arbeit Einfluss nimmt?

Letzteres hat sich nicht bewahrheitet. Aber nur, weil wir alle bereit sind, Althergebrachtes zu hinterfragen. Zum Beispiel die Überzeugung, dass Jugendfreizeiteinrichtungen keine Nachhilfe anbieten sollten. Früher hieß es: Das ist Sache der Schule. Heute wissen wir: Schüler:innen wünschen sich die Nachhilfe in der Manege. Und bekommen sie mit der Unterstützung durch die Volkshochschule auch geboten. Dass nichtschulische Begleiter:innen das Angebot übernehmen, ist sogar ein Vorteil. So wird lebenslanges Lernen vorgelebt.

Schüler:innen erfahren auf diese Weise: Bildung hört nicht auf, wenn ich den Fuß vor die Schultür setze. Und auch nicht nach meinem Abschluss.

Inklusive Lebenserfahrung

Jedes Jahr, wenn ich die neuen Schüler:innen der Klasse sieben aufnehme, bin ich neugierig, wie der Jahrgang in seiner Zusammensetzung sein wird. Manches allerdings weiß ich schon vorher. So werden in jeder der Klassen vier Kinder mit dem Label Förderstatus sein. Worin der Förderbedarf besteht, kann sehr unterschiedlich sein. Er kann in den Bereichen Lernen, körperlich-motorische, emotional-soziale oder geistige Entwicklung liegen. Diese vier Kinder, die sich in jeder unserer Mittelstufenklassen finden, sind die Förderquote, die in Berlin alle weiterführenden Schulen außer den Gymnasien jedes Schuljahr erfüllen müssen. Warum Berlin die Gymnasien bei dieser Regelung ausspart, wäre ein anderes Kapitel.

Wie viele andere Bundesländer setzt Berlin auf diese Weise die in Deutschland im Februar 2009 ratifizierte UN-Behindertenkonvention im Zwei-Säulen-Modell um: Die Förderschulen werden abgespeckt, bleiben im Grundsatz aber bestehen. Die Kinder, deren Eltern den Besuch einer Regelschule vorziehen, werden auf die weiterführenden Schulen verteilt. Natürlich waren und sind wir Schulen damit ordentlich gefordert.

Ist es in integrierten Schulformen schon eine erhebliche Herausforderung, mit der Heterogenität und mit der großen Leistungsspreizung umzugehen, kommt mit der Inklusion eine neue Aufgabe hinzu. So mussten wir Schulleiter:innen unsere Kolleg:innen für das Thema Inklusion gewinnen, schulinterne Fortbildungen organisieren und – das Wichtigste – auf dem umkämpften Markt von Sonderpädagog:innen rasch geeignete Kandidaten:innen finden und von der eigenen Schule überzeugen.

Wir hatten großes Glück, dass sich ein junger, engagierter und gut ausgebildeter Kollege aus Bremen für uns entschied. Sein Blick auf die Verschiedenartigkeit der Kinder, seine methodische und didaktische Kompetenz und sein »inklusiver« Blick auf die Gesamtorganisation der Schule waren das entscheidende Momentum für alles, was wir im Bereich Inklusion entwickelt haben. Aus privaten Gründen hat der Kollege uns verlassen. Sein Feld aber hat er gut bestellt übergeben.

Die jungen Kolleg:innen haben durch sein Engagement gelernt, auch in schwierigsten Zeiten beharrlich und dicht bei ihren Schüler:innen zu bleiben. Da war zum Beispiel Johann, der schon kurz vor dem Schulverweis stand. Immer wieder setzten sich die Sonderpädagog:innen für ihn ein. Sie erzählten mir, den Klassen- und Fachlehrer:innen vom Tod seines Vaters, den schwierigen Familienverhältnissen und den vielen Brüchen, die er immer wieder selbst provozierte. Und sie baten darum, nicht in die von ihm aufgestellten Fallen zu treten. Allein diese Hintergründe erlaubten uns, viel konstruktiver mit den Herausforderungen umzugehen. Johann ist immer noch bei uns, und er ist immer noch sehr schwierig. Aber wir sind zuversichtlich, weil wir die berechtigte Hoffnung haben dürfen, dass er Nutzen ziehen wird aus der Kontinuität, die wir ihm bieten.

Auf diese Weise arbeiten die jungen Kolleg:innen, die unser erster Sonderpädagoge ausgebildet hat, in dieser Kontinuität und Qualität weiter. Da haben wir es wieder: Glück gehört zum Erfolg. Anstrengung und Unterstützung aber auch. Ich würde mir wünschen, dass Glück und Zufall eine weniger große Rolle spielen, wenn es um unsere Kinder und Jugendlichen geht.

In Berlin wurden weder mehr Personal noch Räume noch funktionierende Konzepte zur Verfügung gestellt. Die Verwaltung beschränkte sich darauf, für unsere Augenmerkkinder individuelle Förderpläne und regelmäßige Runden mit dem SIBUZ, dem chronisch unterbesetzten Schulpsychologischen und Inklusionspädagogischen Beratungs- und Unterstützungszentrum, zu verlangen. Glücklich schätzen können sich die, die ausgebildete Sonderpädagog:innen in ausreichender Zahl vor Ort haben, allein um die Formalia in den Griff zu bekommen. Der verantwortliche und zugewandte Umgang mit Kindern, die besondere Bedarfe haben, lag und liegt allein in der Hand der Schule, ganz besonders bei einzelnen Lehrer:innen. So bleibt vieles beliebig. Ich fürchte, dem Anspruch der UN-Behindertenkonvention, nämlich der gleichberechtigten Teilhabe aller Menschen am gesellschaftlichen Leben, wird man so nicht gerecht.

Wenn allerdings die Bildungspolitik nur vorgibt »Jetzt ist Inklusion!« und dann die Hände in den Schoß legt, kann ich die Kinder nicht hängen lassen. Auch wenn ich enttäuscht bin von Politik und Verwaltung, kann und möchte ich diese Situation nicht akzeptieren. Ich will, dass wir den jungen Menschen geben, was ihnen zusteht.

Was haben wir also am Campus Rütli gemacht? Zum einen haben wir die Förderstunden, die uns als Schule zugeteilt werden, genutzt, um für einige Schulstunden klassenstufenübergreifende Kleingruppen zu bilden. Eine Kleingruppe für die Schüler:innen mit sozial-emotionalem Förderbedarf, die große Schwierigkeiten haben, Regeln zu akzeptieren und im Klassenverband zu lernen, eine weitere für Kinder mit Förderbedarf im Bereich Lernen, die langsamer lernen als in der Regelschule vorgesehen. Normalerweise bleiben diese Schüler:innen ihren Klassen zugeordnet und nehmen in Teilen auch am regulären Unterricht weiterhin teil. Die vollständige und erfolgreiche Beteiligung am regulären Unterricht ist das übergeordnete Ziel. Um das möglich zu machen, bieten die Sonder- und Sozialpädagog:innen für einige Schüler:innen zusätzlich Einzelcoaching oder -förderung an. Natürlich bleibt es trotz all unserer Bemühungen dabei, dass der allergrößte Teil meines Kollegiums und ich ein normales Lehramtsstudium absolviert haben und wir auf diese Aufgabe nicht vorbereitet sind. Deshalb professionalisieren uns die Sonderpädagog:innen durch schulinterne Fortbildungen, Sprechstunden und Bereitstellung von geeignetem Lernmaterial rund um das Thema Inklusion. Dazu kommen regelmäßige, im Stundenplan verankerte Runden der »Unterstützenden Pädagogik«. In diesen Runden werden die Entwicklungen gewürdigt, die die Kinder gemacht haben, aber wir identifizieren auch Hürden und suchen nach Lösungen. Zusätzlich gibt es einmal in der Woche einen Austausch mit mir. Dabei stehen neben organisatorischen Fragen immer auch einzelne Schüler:innen mit besonderem Bedarf im Fokus.

Damit haben wir Erfolg, oft jedenfalls, und das bestärkt uns weiterzumachen. So bei einem Schüler, der in Klasse sieben mit dem Förderstatus emotional-soziale Entwicklung zu uns kam. Er wurde einer Klasse zugeteilt, deren Leitung in der

Hand einer erfahrenen und engagierten Kollegin liegt. Die allerdings war angesichts der Herausforderungen, denen sie sich mit dem Jungen gegenübersah, verständlicherweise in Aufruhr. Der Schülerbogen bestätigte nachdrücklich ihren Eindruck. In ihrer Verzweiflung wandte sich die Kollegin an mich. Um mehr zu erfahren als das, was im Schülerbogen zu finden war, rief ich die Schulleiterin der abgebenden Grundschule an. Zu meiner Überraschung war sie bestens informiert und schilderte mir das Ganze ausführlich als Horrorszenario inklusive der konfliktreichen Elternarbeit. Bevor ich das Gespräch beendete, fragte ich, ob sie denn auch etwas Nettes über den Jungen zu berichten wisse. Tatsächlich redete sie dann noch mal sehr lange: Er übernehme verantwortungsvoll Aufgaben für den Klassenverband, habe ein ausgeprägtes Gerechtigkeitsgefühl und anderes mehr.

Als ich all dies meiner Kollegin berichtete, war sie beruhigt. Sie wusste nun, wie sie mit dem Jungen umgehen konnte. Und natürlich hat er bis heute ein Klassenamt inne, das er mit Feuereifer ausübt und das ihm die Möglichkeit gibt, Lob und Anerkennung zu erfahren. Zwei Jahre später, er war inzwischen anerkannter Teil seiner Klasse, traf ich ihn nachmittags in der Jugendfreizeiteinrichtung Manege. Er war vertieft in die Arbeit an einem 3-D-Drucker. Begeistert erklärte er mir, welche Möglichkeiten dieser Drucker bereitstelle und was er schon alles gelernt habe.

Das ist eine Erfolgsgeschichte. Es gibt noch viele andere, die uns beweisen, dass wir auf dem richtigen Weg sind. Aber zur Ehrlichkeit gehört: Es gibt auch Kinder und Jugendliche, deren Problemlagen so schwierig sind, dass wir scheitern. Dieses Scheitern ist ein Auftrag. Wichtig ist, auch im

Scheitern nicht zu vergessen, dass die Arbeit mit Schüler:innen stets die Möglichkeit enthält, solch glückliche Momente zu erleben. Um diese glücklichen Momente zu kämpfen ist mehr als lohnend.

Inklusion, UN-Behindertenkonvention, Förderrunden – und nun das: Berlin dachte als Antwort auf den Lehrermangel darüber nach den Regelschulen im Schuljahr 2022/2023 für die Beschulung von Kindern mit dem Förderstatus geistige Entwicklung die Lehrerstunden zu kürzen und die verloren gegangenen Förderstunden von Schulhelfer:innen, die ein freier Träger entsendet, übernehmen zu lassen. Tatsächlich wurde das bisher nicht umgesetzt, aber die Idee ist in der Welt.

Schon bisher stehen den Schulen für diese Kinder Schulhelfer:innenstunden zu – jedenfalls laut Papier. In der Realität haben die Träger oft kein Personal, das sie entsenden können, oder sie schicken uns jemanden, der nicht ins Team passen oder krankheitsbedingt oft fehlen. Ich will den Schwarzen Peter nicht hin- und herschieben, das bringt niemandem etwas. Fakt ist jedoch: Oft bleiben für diese Kinder nur die Regellehrer:innen, die allein vor einer Klasse mit mindestens drei weiteren Förderkindern und 22 anderen Schüler:innen stehen. Das Bittere ist: Die Schulverwaltung geht vermutlich davon aus, dass die Lehrer:innen die Lage trotz all dieser Widrigkeiten schon schaukeln werden, und wird damit recht behalten.

Das aber ist blanker Hohn. Welch einen Vertrauensvorschuss genießen die Pädagog:innen hier plötzlich! Wo doch sonst Eigenverantwortung penibel überwacht oder gar nicht zugelassen wird. Warum macht die Schulverwaltung das in diesem Fall? Womöglich, um den Mangel an pädagogischem Personal zu verschleiern. Uns Schulen bleibt nichts anderes übrig, als den Mangel zum Wohl der uns anvertrauten Kinder und Jugendlichen zu verwalten und zu versuchen, das Bestmögliche herauszuholen – oft am Kräftelimit der Kolleg:innen. Sie sind mit ihrem Verantwortungsbewusstsein die stille, selten aufmuckende Reserve, die alles auffängt. Dabei wird leider allzu oft vergessen: Schüler:innen und Lehrer:innen leiden gleichermaßen. Schule kann auf diese Weise schlicht und ergreifend keinen guten Job machen.

Auf zwei Stühlen statt zwischen allen

Mein Leben hat mich von »Wir können alles. Außer Hochdeutsch« nach »be Berlin« getragen, Weckle und Schrippen essen und über die aus'm Ländle wie über die Ickes staunen lassen. Wer wie ich vom Südwesten der Republik in den Nordosten gezogen ist, der weiß, dass es schon innerhalb Deutschlands große Unterschiede in der Lebensweise gibt. Diese werden ausgehalten und ausbalanciert. Das kann man auch gut. Immerhin haben wir eine gemeinsame Geschichte, gemeinsame religiöse Wurzeln, und vor allem haben wir trotz vieler Dialekte seit Luther eine gemeinsame, uns verbindende Sprache.

In der Bildung sieht es so aus, dass Schüler:innen viel über die deutsche Geschichte in Gesellschaftswissenschaften lernen. Die Inhalte sind bundesweit verabredet. Und dann gibt es noch das Fach Heimatkunde. In diesem Fach erfahren Grundschulkinder reichlich über die Besonderheiten ihres Bundeslandes, ihrer Kommune, ihrer Stadt oder ihres Dorfes, ihres Dialektes. Da ich einen Teil meiner Grundschulzeit in Bad Mingolsheim (Baden-Württemberg) verbracht habe, weiß ich bis heute, dass der Name der Landeshauptstadt Stuttgart vom

Wort Stutengarten herrührt. Die Beschäftigung mit seinem unmittelbaren Wohnort soll Identifikation schaffen, ebenso wie die Pflege des Dialektes. Es geht um Heimat, um das Dazugehören.

Heimat. Das ist auch an der Gemeinschaftsschule auf dem Campus Rütli ein wichtiger Begriff. Dort leben und lernen Kinder aus den verschiedensten Ländern, Kulturen, sozialen Herkünften und Religionen gemeinsam. Die Distanz zwischen der deutschen Mehrheitskultur und den Familienkulturen, aus denen meine Schüler:innen stammen, ist eine signifikant größere und schwierigere als die, die ich und andere innerhalb Deutschlands erfahren. Nun gehört es zu den natürlichen Instinkten des Menschen, dazugehören zu wollen, sich beheimatet zu fühlen. Meine Schüler:innen haben dafür zwei Angebote. Oft erleben sie sie leider als konkurrierend und sich gegenseitig ausschließend. Die Eltern, bisweilen mit Fluchterfahrung, wenig Bildung, verängstigt und mit Diskriminierungserfahrung, sehen den größten Schutz für sich und die ihren darin, sich abzukapseln und das ihnen Eigene in der Fremde zu bewahren. Die Schüler:innen gehen in die Schule und lernen dort viel über deutsche Geschichte und Werte. Vor dem Hintergrund ihrer familiären Herkunft empfinden sie diese Inhalte oft als seltsam fremd und unverbunden. Wie also kommen diese beiden Welten gewinnbringend zueinander, wie lernen die jungen Menschen, dieses schwierige Potenzial zu ihrem, zu unser aller Nutzen einzubringen?

Es ist unstrittig, dass die Schule der zentrale Sozialisationsort für junge Menschen ist, und deshalb kommt ihr besondere Bedeutung zu. Die Bildungspolitik sowohl auf der Bundes- wie auch auf der Landesebene verhält sich angesichts dieser gesellschaftlich überaus bedeutsamen und mittlerweile nicht mehr neuen Herausforderung – immerhin haben laut neuestem Mikrozensus (2021) 39 Prozent aller Schüler:innen einen Migrationshintergrund – seltsam still. Die Länder stellen in unterschiedlichem Umfang Stunden für Integration und Sprachförderung zur Verfügung und verlangen dafür eine länderspezifische Rechenschaftslegung von den Schulen in Form von entsprechenden Konzepten, bisweilen auch in Schulleistungsdaten.

Es ist klar, dass ein Dreh- und Angelpunkt für Teilhabe der Menschen anderer Herkunft die Sprache des Aufnahmelandes ist. Am Campus Rütli war es uns deshalb von Anfang an wichtig, die Mehrsprachigkeit unserer Schüler:innen zu fördern. Eine der ersten Schüler:innen, die am Arabischunterricht von Frau Sahilli teilnahm, war Nour. Die Möglichkeit, in der Schule ihre Familiensprache besser zu verstehen und mehr über sie zu erfahren, begeisterte sie. Sie war stolz darauf, dass wir ihr diese Möglichkeit boten, und wild entschlossen, daraus eine Erfolgsgeschichte für sich zu machen. So fuhr sie mit mir zusammen nach München, um auf einem Volkshochschulkongress öffentlich von ihren Erfahrungen zu berichten. Als Erste ihrer Familie hat sie aller Welt erzählt, wie sie die Welt und das Leben in Deutschland sieht. Als Erste ihrer Familie hat sie das Abitur bestanden. Und als Erste ihrer Familie besuchte sie eine Universität. Nour hat auf ihrem Weg auch von dem Stipendium »Ein Quadratkilometer Bildung« profitiert. Die Bildungspatin an ihrer Seite ermöglichte ihr neue Perspektiven, indem sie mit ihr über Alltagserfahrungen, Bildungswege und -hindernisse sprechen konnte. In Bildungsworkshops tauschte sie sich mit anderen Stipendiat:innen aus, und ein monatliches Bildungsgeld half ihr, persönliche Bildungsziele zu verfolgen. Ein eigener, zu den Stipendienleistungen gehörender Laptop unterstützte das Lernen. Nour meisterte den Weg in die komplexe Welt der Bildung. Und ich bin mir sicher: Nours Kinder werden es leichter haben.

Doch ob solche Erfolge möglich werden, hängt von der Wertschätzung der Herkunftssprache ab. Am Campus Rütli sind wir uns sicher, dass ohne gesicherte Familiensprache das Beherrschen der Bildungssprache Deutsch schwerer erreichbar ist. Zusammen mit der Volkshochschule Neukölln konnten muttersprachliche Türkisch- und Arabischkurse eingerichtet werden. Seither nehmen zahlreiche Schüler:innen zusätzlich zum üblichen schulischen Curriculum freiwillig daran teil. Was einfach klingt, war ein steiniger Weg. Eine Blaupause war – wie bei so vielen Themen des Campus – eben nicht vorhanden. Nur in einer Art Pendeldiplomatie ist es damals gelungen, dass diese Kurse, nach dem Bestehen einer externen Prüfung, in der Berliner Verordnung über die gymnasiale Oberstufe als zweite Fremdsprache anerkannt werden.

Damit sind wir allein auf weiter Flur. Trotz Hunderttausender Schüler:innen mit arabischem oder türkischem Migrationshintergrund gibt es lediglich ein Gymnasium in Deutschland – in Thüringen –, das Arabisch im Abitur anbietet. Mit unserem Zertifikatsangebot sind wir ebenso eine Ausnahme, noch immer wird der herkunftssprachliche Unterricht in Deutschland stiefmütterlich behandelt. Im Bundeswettbewerb Fremdsprachen zum Beispiel prangen auf der Website des Veranstalters Wörterbücher von einem halben Dutzend Sprachen. Arabisch und Türkisch, die zwei meistgesprochenen Herkunftssprachen in Deutschland, sind nicht dabei.

Die Einführung der muttersprachlichen Türkisch- und Arabischkurse ist für uns auch eine Geste gegenüber der Herkunftskultur unserer Schüler:innen. Natürlich würden wir gern noch andere Sprachen anbieten. Daran arbeiten wir, aber manches gestaltet sich in den Mühen der Ebene schwierig. Bei uns erwerben die Schüler:innen Kompetenzen in ihrer Familiensprache und üben sich in metasprachlichen Betrachtungen. Und gleichzeitig dürfen sie das Vertrauen haben, dass ihre Lebenswelten in der Schule gesehen und nutzbar gemacht werden.

Viele Eltern meiner Schüler:innen haben ihre Schulzeit nicht in Deutschland verbracht oder sind selbst von Elternhäusern geprägt, denen das deutsche Schulsystem fremd war und ist. Berlin wünscht ausdrücklich die Zusammenarbeit mit den Eltern und hat ihr Mitspracherecht über die Jahre gestärkt. Migrantische Eltern kommen häufig aus Schulsystemen, wo Elternhaus und Schule unabhängig voneinander handeln. So lassen die Eltern der Schule viel freie Hand, und umgekehrt sucht die Schule nur selten den Austausch mit den Eltern. Diesen Eltern erscheint ihre Abwesenheit von schulischen Belangen als normal und ein Anruf aus der Schule eher ungewöhnlich, vielleicht sogar übergriffig. Die Missverständnisse, die aus dem unterschiedlichen Blick auf Schule resultieren, müssen ausgeräumt werden. Dafür brauchen wir interkulturelle Kompetenz. Dann können wir zum Wohl der Kinder und Jugendlichen zusammenarbeiten. Mit Mitteln des Bonus-Programms finanzieren wir seit Jahren mit Frau Sahilli eine interkulturelle Moderatorin, die genau an dieser Schnittstelle arbeitet. Sie erläutert den Eltern die grundlegenden Prinzipien der deutschen Schule und erklärt uns Pädagog:innen, worauf das jeweilige Missverständnis gefußt hat. Sie tut dies in Einzelgesprächen, wenn Lehrer:innen sie bei schwierigen Gesprächen hinzuziehen, aber auch beim Elternfrühstück, das sie einmal im Monat organisiert.

Dort bestimmen die Eltern die Themen. Bei einem Elternfrühstück, bei dem auch ich anwesend war, kam das Thema Pubertät auf. Viele klagten: Große Kinder, große Sorgen. Viele fühlten sich überfordert. Schnell gab es ein gemeinsames Interesse, und so einigten wir uns darauf, jemanden aus dem Jugendamt als Referent:in dazu einzuladen. Viele Eltern haben Angst vor dem Jugendamt, weil es »uns unsere Kinder wegnehmen kann«. Dass das Jugendamt vielfältige Beratungen bereithält, ist ihnen weniger bekannt. In entspannter Atmosphäre konnte die Mitarbeiterin des Jugendamts über die Besonderheiten der Pubertät berichten, aber auch die Fülle der Hilfsangebote für Familien vorstellen. Das ist ein schönes Beispiel dafür, wie wichtig es ist, Gelegenheiten zu schaffen, in denen unabhängig vom Akutfall schwierige Themen angesprochen und so neue gemeinsame Perspektiven entwickelt werden können.

Oft liest man in den Medien, dass Eltern aus migrantischen Milieus sich nicht für den schulischen Erfolg ihrer Kinder interessieren. Das entspricht nicht unserer Erfahrung. Richtig ist, dass die formellen Gremien des Schulgesetzes, beispielsweise Elternabende, nicht geeignet sind, diese Eltern zu erreichen. Aber es kann nicht Sinn der Sache sein, als Schule auf die Mitwirkung dieser Eltern zu verzichten. Die Gemeinschaftsschule auf dem Campus Rütli erkennt die Eltern unter allen Umständen als Erziehungspartner an. Wir haben deshalb nach Formaten gesucht, die dem Informationsbedürfnis der Eltern entgegenkommen, die sie nicht abschrecken, sondern einladen. Das machen wir mit den erwähnten Elternfrühstücken, wo auch mal Zeit für das eine oder andere private Wort ist. Und indem wir den Eltern halbjährliche Lernentwicklungsgespräche über ihr Kind anbieten. Dort sprechen die Klassenlehr:innen, oft auch die Jahrgangspädagog:innen, die Eltern und die Schüler:innen über die positiven und, wenn nötig, die schwierigen Entwicklungen im letzten Halbjahr. Dabei geht es um die schulischen Erfolge, den Umgang im Klassenverband sowie das Verhältnis der Schüler:innen zu den Pädagog:innen und Lehrer:innen. Die Frage über allem lautet: Wie können wir gemeinsam noch besser werden?

Bisweilen sind migrantische Eltern überfordert in der Sprache oder eingeschüchtert in der Begegnung mit einer so mächtigen Behörde, als die Schule ihnen erscheint. Und doch interessieren sich diese Eltern für den schulischen Erfolg ihrer Kinder. Deshalb müssen wir Wege beschreiten, auf denen die Eltern uns folgen wollen und können. Natürlich haben wir auch Eltern, die sich dem Lernentwicklungsgespräch verweigern. In der überwältigenden Mehrheit aber sind sie dankbar für dieses Angebot und nehmen es gern an.

Das tun sie auch deshalb, weil sie ahnen, dass ihre Pläne und Wünsche für ihre Söhne und Töchter eine Anbindung an die Realität im bürokratischen Deutschland brauchen. Mit dem Wunsch, Arzt oder Anwältin zu werden, ist es nicht getan. Stets werden bestimmte Qualifikationen und Vorgehensweisen verlangt, über die wir am Campus gut Bescheid wissen.

Viele meiner Kolleg:innen machen auch Hausbesuche. Diese kosten viel Zeit und sind nicht dienstverpflichtend. Vielfach erleben die Kolleg:innen die Hausbesuche aber als so lohnend, dass sie sich vom Zeitaufwand nicht abschrecken lassen. Sie gewinnen im häuslichen Umfeld einen unmittelbaren Einblick in die Familienwirklichkeit ihrer Schüler:innen und damit auch ein besseres Verständnis für ihre Belange. Zugleich erleben die Eltern die Besuche als Wertschätzung, und das bei Schüler:innen sehr beliebte »Die Lehrer:innen haben immer nur mich auf dem Kieker«-Argument verfängt danach zu Hause nicht mehr. So tragen die Hausbesuche zu einer vertrauensvollen Zusammenarbeit von Eltern und Schule bei und helfen über bisweilen konfliktreiche Zeiten hinweg.

Der Oberstufenkurs »Glauben und Zweifeln« wie auch der Wahlpflichtkurs »Naher Osten« in der Mittelstufe sind der Versuch, die beiden Lebensrealitäten unserer Schüler:innen miteinander in Kontakt zu bringen. Dabei darf der Ausruf »Du Jude!« auf dem Schulhof selbstverständlich nicht überhört werden, und ebenso selbstverständlich muss darauf eine entschiedene Reaktion erfolgen. Damit scheint die Situation geklärt. Doch reicht das für einen Erkenntnisgewinn? Neben klarer inhaltlicher Stellungnahme und schneller Reaktion wollen wir auch ins Gespräch mit den Schüler:innen kommen. Das ist wahrscheinlich der schwierigste Teil. Oft sind die Lehrer:innen selbst nicht gut informiert, genauso wenig wie die Schüler:innen. Mit unseren beiden Kursen steigen wir in einen kontroversen, aber ertragreichen Diskurs mit ihnen ein. Und so sind wir nicht unvorbereitet, wenn die Ereignisse in der Welt wieder einmal in unsere Klassenräume gespült werden.

Die Ermordung des Lehrers Samuel Paty in Frankreich war ein solch schreckliches Ereignis. Die Fragen, wie etwas so Furchtbares passieren kann und was wir tun müssen, um solche Taten zu verhindern, wurden überall breit besprochen. Ein Mitinitiator des Kurses »Glauben und Zweifeln« wurde in eine Fernsehsendung des RBB eingeladen, um über seinen Kurs zu berichten und mit anderen zu diskutieren. Danach empörte sich einer der Zuschauer im Netz unter anderem über seine Verwendung der gendergerechten Sprache. Sie fragen sich, was das mit dem Mord an dem Lehrer zu tun hat? Auch ich stutzte kurz. Doch dann wurde mir rasch klar, was hier vor sich ging. Die Sprachwahl des Kursleiters war für den Zuschauer der Aufhänger, seine generelle Sicht auf Kinder und Jugendliche aus dem migrantischen Milieu zu erläutern. Er schrieb, mit »diesen« Schüler:innen hätte man ja wohl ganz andere Probleme als gendergerechte Sprache. So müsse zwingend ihr fehlendes Wertesystem in den Blick genommen werden. Den Inhalt des Briefs machte mein Kollege zum Gegenstand seines Unterrichts. Man kann sich gut vorstellen, wie betroffen die Schüler:innen waren. Sie wollten dem wütenden Briefeschreiber unbedingt selbst antworten. Einer der Schüler schrieb ihm folgende Sätze: »Gerne möchte ich Ihnen zeigen, dass auch ›sozial schwierige Schüler‹ die gendergerechte Sprache ernst nehmen. In unserem ›Glauben und Zweifeln‹-Kurs sprechen wir über Themen wie toxische Männlichkeit, Geschlechterrollen und ihre Wirkung auf unser individuelles Handeln […] Durch diesen Kurs haben wir unabhängig vom jeweiligen Sozialstatus trotzdem das Privileg, andere Kulturen, Religionen, Länder und Werte kennen, akzeptieren und lieben zu lernen.« Der Einladung, in den Kurs zu kommen, die Schüler:innen kennenzulernen und mit ihnen zu diskutieren, folgte dieser aufgebrachte Bürger nicht. Und unsere Jugendlichen merkten: Den haben wir zwar nicht an den Gesprächstisch bekommen, aber wir konnten unsere Haltung mit konstruktiven Mitteln deutlich machen. Und wir konnten dabei zeigen, dass wir ein Teil der Gesellschaft sind und kein Rest ohne Stimme und Meinung.

Tatsächlich haben wir es als Gesellschaft in der Hand, ob unsere Schüler:innen fest und informiert auf zwei Stühlen sitzen oder zwischen allen Stühlen, unverbunden und heimatlos.

Glauben und Zweifeln

Unsere Schüler:innen haben ebenso wie manche Erwachsene oft eine klare Meinung zu etwas. Auf Nachfrage können sie diese Meinung häufig nicht begründen. Sie versichern aber, sie glaubten fest an das, was sie behaupten. Auf das Wissen dahinter angesprochen, zeigen sich oft große Lücken. Meist spiegelt das Wissen nur eine einzige Perspektive. Das kann man als Problem sehen. Oder als große Chance.

Im Bezirk wird die Tatsache, dass religiöse Fragen in Schulen in oft aggressiver Form verhandelt werden, zu Recht als Problem begriffen. Er nimmt sich des Aspekts aber leider nur dort an, wo er als störend für den Schulfrieden empfunden wird. So entstand die Idee eines Dokumentationszentrums für »Konfrontative Religionsausübung«. Brauchen wir so etwas? Als ich zum ersten Mal davon hörte, war ich mehr als überrascht. Nicht weil mir in meiner langjährigen Tätigkeit das, was sich hinter »konfrontativer Religionsausübung« verbirgt, noch nie begegnet wäre. Im Gegenteil! Doch wundern darf man sich schon, wenn 16 Jahre nach dem Brandbrief das Thema plötzlich auf die politische Agenda gesetzt wird. Dabei drängen sich mir drei Fragen auf: Warum gerade jetzt? Welche neuen Erkenntnisse erhofft man sich? Und wer ist in der Verantwortung, die gewonnenen Erkenntnisse umzusetzen? Die letzte Frage beantwortet sich von selbst: die Schulen, so wie bisher auch.

In diesem Sinne haben wir uns dafür entschieden, die Monoperspektivität vieler Schüler:innen als Chance und Lerngelegenheit zu verstehen. Tatsächlich ist es äußerst herausfordernd, Schüler:innen in der Pubertät mit ihren unterschiedlichen sozialen, kulturellen und religiösen Hintergründen ein gutes, an ihren Lebenswelten orientiertes Lernangebot zu machen. Die Schulen müssen selbstständig einen Weg finden, müssen einerseits klar benennen, was die Spielregeln unserer freiheitlichen demokratischen Grundordnung sind, und andererseits einen Diskurs führen, der in einem respektvollen Dialog für diese Grundordnung wirbt. Respekt kommt vom lateinischen *respicere*, was so viel heißt wie: zurückblicken, überdenken, berücksichtigen. Wie kann das gelingen?

Meine Kolleg:innen hat die bisweilen schwer auszuhaltende »konfrontative Religionsausübung« einiger Schüler:innen bewogen, darüber nachzudenken, welches schulische Angebot es braucht, das Feld der Provokation zu verlassen und in einen kontroversen, aber wichtigen Dialog einzutreten. Dabei sollte es darum gehen, einen Bogen zu schlagen zwischen der Herkunftskultur, der die Schüler:innen oft entfremdet sind, und den Werten einer offenen, pluralen und demokratischen Gesellschaft. Und doch geht es um viel mehr als Religion.

Es geht allgemein ums Menschsein und viele grundlegende Fragen: Was hat uns zu dem gemacht, was wir sind? Wer werden wir morgen sein? Und nicht zuletzt: Wie wollen wir jetzt miteinander leben? Gerade die letzte Frage ist für ein Miteinander von mehr als 1200 Menschen am Campus zentral. Die

Antwort ist: Indem wir Zweifel zulassen. An unserer eigenen Haltung, an unseren Überzeugungen und Handlungen.

Um all das geht es, wenn unsere Schüler:innen sich in der Oberstufe zwei Jahre lang mit Yuval Noah Hararis Buch »Eine kurze Geschichte der Menschheit« befassen. Neben diesen Inhalten geht es um das, was meine Kollegen Tobias Nolte und Giorgio Paschotta in ihrem Einleitungstext zum Kurs formuliert haben:

»Wir wollen mit unseren Schülerinnen und Schülern über diese Themen (zum Beispiel Religion, Geschlechterrollen, Nahostkonflikt, Rolle der Medien) nicht nur reden, wenn die Nachrichtenlage es gerade unausweichlich macht und die Situation dementsprechend emotional aufgeladen ist. Stattdessen wollen wir im Zusatzkurs […] einen Diskussionsraum schaffen, in dem sich Denken, Haltungen und Weltbilder auf Basis einer guten Beziehung, gegenseitigen Vertrauens und somit eines ehrlichen Austauschs entwickeln können. Der Zusatzkurs ›Glauben und Zweifeln‹ reagiert auf das tiefe Bedürfnis unserer Schülerinnen und Schüler, sich vom Ausgangspunkt ihrer Lebenswelt Gedanken über die Welt und die Gesellschaft zu machen, in die sie gerade hineinwachsen.«

Um Glauben und Zweifel in religiöser und politischer Hinsicht geht es auch in einem weiteren Angebot, dieses Mal für die Mittelstufe. Den Campus Rütli besuchen auch viele Schüler:innen mit palästinensischen Wurzeln. Die Kenntnisse über ihre Geschichte speisen sich meist aus den Erzählungen und Haltungen ihrer Eltern und Großeltern, die vielfach Kriegs- und Vertreibungserfahrung haben, oder aus der Berichterstattung arabischer Sender beziehungsweise aus Social-Media-Kanälen. Trotz der hohen Emotionalität des Themas gab es dafür lange zu wenig Platz im Unterrichtsangebot der Schule. Einigen meiner Kolleg:innen war es deshalb ein Anliegen, einen Wahlpflichtkurs »Naher Osten« anzubieten.

Aus dem Zusatzkurs »Glauben und Zweifeln« und dem Wahlpflichtkurs »Naher Osten« ergaben sich vor der Corona-pandemie zwei äußerst erfolgreiche Schüler:innenreisen nach Israel und Palästina. Selten habe ich in meiner fast 40-jährigen Laufbahn als Pädagogin Schüler:innen so begeistert von einer Schulfahrt berichten gehört. All dies war nur möglich mit der Unterstützung hochkompetenter externer Partner:innen, deren Projekte oft unter dem Finanzierungsvorbehalt stehen.

Für Bildung Verantwortliche auf allen Ebenen sollten darüber nachdenken, was Pädagog:innen konkret brauchen, um in ihrem stets fordernden Alltag gegen Diskriminierung und Ausgrenzung resilient zu sein. Dazu gehören, wenig überraschend, andere und zusätzliche Themensetzungen in der Lehrer:innenausbildung und mehr externe, finanziell abgesicherte Projektpartner:innen, die ihre Kompetenz zur Verfügung stellen können.

Stattdessen gibt es jetzt ein Dokumentationszentrum, an das Übergriffe gemeldet werden können. Das ist etwas anderes als die an der Rütli-Schule seit Längerem gelebte Antwort auf die »konfrontative Religionsausübung«. Sehr gern stellen wir allen Interessierten unseren Weg und die gesammelten Erfahrungen für einen Wissenstransfer zur Verfügung. Ich bin überzeugt, dass auch Pädagog:innen an anderen Schulen nicht nur zugehört haben, wenn ausgrenzende oder beleidigende Rufe erschallten. Den Raum und die Zeit zu haben, voneinander zu lernen, Projekte durchzuführen und sie gemeinsam zu bewerten, würde tatsächlich helfen, nachhaltige

Lösungen zu finden. Dagegen steht zu befürchten, dass das Dokumentationszentrum, so wie es bisher geplant ist, selbst ein Ort der Diskriminierung wird. Schließlich geht es nur um eine Form der Konfrontation: die zwischen Muslimen und … Ja, und wem eigentlich? Und warum geht es eigentlich nicht um die vielen anderen Formen von Ausgrenzung und Entwürdigung?

Ist mit unserem Kursangebot das beschriebene Problem beseitigt? Leider nein. Aber wir sehen Erfolge und wissen, dass auch ein langer Marsch zu einem guten und konstruktiven Miteinander mit dem ersten Schritt beginnt.

Yes we can

Auch ein Weg von tausend Schritten beginnt mit dem ersten. Das trifft besonders zu auf Überzeugungen, die über Jahrzehnte oder gar Jahrhunderte gesellschaftlich tradiert sind. Ich habe schon beschrieben, dass der Blick auf Kinder und Jugendliche in Deutschland ein defizitorientierter ist: das unfertige Kind, der noch nicht ganz richtige Jugendliche.

Und auch im Erwachsenenalter tendieren Deutsche oft dazu herauszustellen, was alles noch besser sein könnte. Eine Rede wie die von Barack Obama nach seinem Wahlsieg 2008 mit der Formel »Yes we can« im Zentrum ist hier nur schwer vorstellbar. Dabei ist sie der hilfreiche und prägnante Ausdruck einer Potenzialorientierung, wie sie Deutschland mit Blick auf seine Zukunft gut gebrauchen könnte. Ein Bewusstsein für die eigenen Fähigkeiten.

Barack Obama hat »Yes we can« formelhaft immer wieder verwendet. Seine innere Gewissheit kulminierte in den Worten: »Das ist unser Augenblick. Das ist unsere Zeit, (…)

Chancen für unsere Kinder zu eröffnen (…) und diese fundamentale Wahrheit zu bekräftigen, dass wir aus vielen heraus eins sind, dass wir hoffen, während wir atmen. Und wenn wir auf Zynismus und Zweifel stoßen und auf diejenigen, die sagen, wir können das nicht, dass wir dann mit jenem zeitlosen Glauben antworten, der den Geist eines Volkes zusammenfasst: Ja, wir schaffen das.«

Ich finde, das ist ein lohnenswertes Ziel. Es ist der Horizont am Ende der tausend Schritte.

Auf dem Campus Rütli haben wir im Lauf der vergangenen Jahre mit dem wichtigen ersten Schritt begonnen. Von unserem Programm der Sprachförderung habe ich schon gesprochen. Damit haben wir uns von der Idee verabschiedet, dass sprachliche Förderung nur dazu dient, Defizite im Deutschen abzubauen. Wir sind überzeugt, dass Mehrsprachigkeit ein Potenzial darstellt. Kein herablassendes »Der/Die kann ja keine Sprache richtig«, stattdessen ein produktives Nutzen der individuellen Mehrsprachigkeit. Unser Ziel ist es, bei den Kindern und Jugendlichen die Fähigkeit zu stärken, je nach Kommunikationssituation unterschiedliche sprachliche Mittel aus dem Repertoire ihrer Einzelsprachen auszuwählen und erfolgreich anzuwenden. Die muttersprachlichen Fähigkeiten zu verbessern ist eine einladende Geste an die Herkunftskultur unserer Schüler:innen und zugleich Möglichkeit, das Deutsche besser zu durchdringen. Denn natürlich ist klar, dass unser zentrales Ziel die Deutschförderung sein muss. Nur eben nicht um den Preis der Abwertung der Herkunftssprache, sondern Hand in Hand mit ihr. Warum also der Vorrang des Deutschen? Deutsch ist die Bildungssprache – die Sprache, die Schüler:innen die gesellschaftliche Teilhabe ermöglicht. Und Deutsch ist die Verkehrssprache, mit der sich Schüler:innen aus unterschiedlichen Sprachräumen verständigen können.

Um deutlich zu machen, dass nicht nur die Fähigkeiten im vorrangig sprachlich getragenen Unterricht zählen, haben wir ein umfangreiches Werkstattangebot. Hier tun sich oft Schüler:innen hervor, die in anderen Fächern nicht die besten Leistungen zeigen. Im Umgang mit Metall, Holz, Textilien und Nahrungsmitteln erwerben sie ganz andere Fertigkeiten. Die Produktion für die »echte Welt« – Ausstellungen und Basare zum Beispiel – kann zusätzlich motivieren. Das wollen wir erhalten. Momentan macht uns das immer geringer werdende Angebot an Expert:innen in diesem Bereich Sorgen. Durch die Erweiterung des Fachs Arbeitslehre hin zu dem Kombinationsfach Wirtschaft-Arbeit-Technik ist der Schwerpunkt in der praktischen Arbeit weggefallen. Meist kennen sich junge Lehrer:innen in diesem Feld nur noch aus, wenn sie selbst eine handwerkliche Ausbildung absolviert haben. Ansonsten begreifen sie das Angebot eher als Berufsorientierung und Fach zur wirtschaftlichen, ökologischen und technischen Grundbildung. Für eine Rückbesinnung auf das Handwerkliche wäre es wichtig, außerschulische pädagogische Kräfte mit dieser Qualifikation in den Campus einzubinden. Das würde die Festanstellung eines oder einer Werkstattmeister:in einschließen – als Rollenvorbild, aber auch um den Schüler:innen die Werkstätten immer voll funktionsfähig zur Verfügung zu stellen. Dieser Gedanke ist nicht neu. In den 1970er-Jahren hatten Gesamtschulen selbstverständlich einen Werkstattmeister, ebenso einen Medienwart. Angesichts des dramatischen Mangels an Bewerber:innen für eine

Ausbildung in handwerklichen Berufen bleiben die schulpolitischen Entscheidungen weg vom Handwerklichen hin zur Akademisierung seltsam widersprüchlich.

Die Musikbetonung ist ein weiterer wichtiger Teil unseres Angebots insbesondere in der Grundstufe. Gerade in Neukölln-Nord kommen die wenigsten Kinder mit – bildlich gesprochen – der Geige unterm Kinn zur Welt. Viele begegnen in der Schule erstmals einem Musikinstrument. Es ist verpflichtend, dass sie sich bis zur sechsten Jahrgangsstufe damit beschäftigen. Sich in der Musik ausdrücken zu können stärkt nämlich ihr Selbstbewusstsein. Ein ähnliches Ziel verfolgt der Talentwettbewerb »Rütli sucht das Supertalent«. Bei uns auf der Bühne zu stehen und zu zeigen, was man kann, tut dem Selbstwert der Schüler:innen gut. Und das kann auch bei einer schlechten Mathearbeit helfen, wenn das Kind sich vergegenwärtigt, dass möglicherweise mit Plus und Minus noch etwas im Argen liegt, aber es andere Bereiche gibt, in denen es erfolgreich ist.

Wir holen die Lebenswelten der Kinder und Jugendlichen auf den Campus. Schließlich sind sie spannend und gehören in den Schulalltag, damit sich ein Diskurs entwickeln kann. Immer geht es darum, die verschiedenen Welten in Kontakt zu bringen. Deshalb haben wir Kurse eingerichtet, die eben dies leisten. Damit wollen wir erreichen, dass die Jugendlichen das Feld der Provokation verlassen und stattdessen in das Feld des Gesprächs eintreten. Unser Beitrag dazu ist, auf der Basis der freiheitlichen demokratischen Grundordnung Grenzen zu definieren, aber offen zu sein für die Prägungen, die zu abweichenden Einschätzungen führen. Und diese auszudiskutieren.

Im Oberstufen-Projektkurs »Glauben und Zweifeln«, über den ich schon gesprochen habe, geht es beispielsweise darum, sich mit unterschiedlichen Einstellungen, Werten und Glaubensrichtungen auseinanderzusetzen. Für viele unserer Schüler:innen stellt der Islam außerhalb der Schule einen wesentlichen Orientierungsrahmen dar. Manchmal ist er mit dem schulischen Rahmen unverbunden, manchmal widerspricht er ihm auch. Gerade deshalb ist es wichtig, sich differenziert und kritisch mit dieser Lebenswelt auseinanderzusetzen. Das gelingt uns – hoffentlich – in vier Schulhalbjahren, die unter folgenden Fragestellungen stehen: Was kann ich wissen? Was kann ich glauben? Wer bin ich, und wenn ja, wie viele? Wie wir leben wollen. Das sind alles Fragen und Betrachtungen, die unsere Jugendlichen nur ansatzweise von sich aus durchdenken. Bestimmte Themen sind aber wichtig, offen diskutiert zu werden: Fragen zu Religion, Geschlechterrollen, dem Nahostkonflikt oder auch der Rolle der Medien beispielsweise. Das ist ein tiefes Bedürfnis der Teilnehmenden. Und ich glaube: Ihr Ziel und unser Ziel ist immer ein Verstehen. Für mich geht es dabei darum, die Vorzüge einer pluralistischen, diversen, offenen Gesellschaft wertzuschätzen, in der das alles gesagt und verhandelt werden kann.

Der Projektkurs »Naher Osten« endet mit einer Reise nach Israel. Davor liegt aber das, worum es eigentlich geht: mit den Schüler:innen gemeinsam zu versuchen, diesen komplexen Konflikt zu verstehen und unsere eigenen Überzeugungen zu hinterfragen. Dafür gibt es am Campus Rütli engagierte Kolleg:innen und zusätzlich außerschulische Spezialist:innen, die die Schüler:innen auf dieser oft persönlichen Suche begleiten. Das zeigt sich schon, wenn wir die Bewerbungen der

Jugendlichen für den Kurs erhalten. Darin sollen sie erzählen, warum sie der Nahe Osten interessiert und was ihnen an dem Thema wichtig ist, was sie an Kontakten, Ideen oder Talenten zum Kurs beitragen können und nicht zuletzt, warum wir uns auf sie verlassen können. Nach der Auswahl thematisieren wir biografische Bezüge zum Thema in einer Stadtteilrallye, die Schüler:innen eignen sich historisches Hintergrundwissen an. Danach geht es um gruppenbezogene Menschenfeindlichkeit in Form von Antisemitismus und antimuslimischem Rassismus. Bevor die Schüler:innen nach Israel aufbrechen, beschäftigen sie sich mit der aktuellen politischen und gesellschaftlichen Situation, unterschiedlichen Gruppen und erfahren etwas über die verschiedenen Friedensinitiativen vor Ort, wie zum Beispiel das Parents Circle – Families Forum. Auf der Reise selbst dienen Reisetagebücher der Reflexion über das Erlebte und sich selbst, bevor die Teilnehmenden eigene Schwerpunkte für eine Präsentation ausarbeiten. Der Kurs schließt mit einer reflektierten Betrachtung der Darstellung des Nahostkonflikts in den Medien. Die Potenziale, die daraus erwachsen, sind manchmal erwartbar und oft überraschend. Wenn ich mir in Erinnerung rufe, was Ahmad nach seiner Rückkehr sagte, dann weiß ich, warum es so wichtig ist, Schule nicht nur als Ansammlung von unterrichteten Fächern in Stunden zu begreifen. Er meinte, er habe gelernt, sich »besser in jemanden reinzuversetzen, wie er sich fühlt in dem Moment. Was wirklich wichtig ist und in der heutigen Zeit nicht wirklich vorzufinden ist, dass man akzeptieren muss, dass es für jeden eine andere, also eine persönliche ›Wahrheit‹ gibt, und man beachten muss, wie man sie sieht.« Sein Ziel sei, »dass sich jeder mit dem Thema befasst und sich eine eigene

Meinung bildet und nicht mit der Masse mitschwimmt und nur Halbwahrheiten rumerzählt. Denn wenn sich jeder mal mit so was beschäftigt, wäre die Welt besser.«

Bei all diesen Angeboten geht es darum, dass die Kinder und Jugendlichen ihre Herkunft, ihre familiären Erfahrungen und ihre interkulturelle Lebenswelt als Stärke und Chance begreifen. Das gelingt eben nicht nur über Inhalte, sondern über Sichtbarkeit. Diese Besonderheit muss ihren Platz haben im Sozialraum Schule, denn die Schüler:innen verbringen den größten Teil ihrer Zeit in diesem Umfeld. In der Zeit der Pubertät kommt ein weiterer Aspekt hinzu. In der Phase der Identitätsfindung erleben Jugendliche ihre eigenen Einstellungen häufig als konfrontativ zum sozial Erwünschten. Die Provokation ist aber nicht nur Abgrenzung, sondern auch Aufforderung zum Gespräch mit Erwachsenen. Reaktionen im Sinne von »Wie kannst du das nur sagen?« oder »Das geht ja wohl gar nicht!« helfen hier kaum. Es braucht vielmehr eine Auseinandersetzung auf Augenhöhe. Zur Potenzialorientierung gehört unbedingt und grundlegend, den anderen ernst zu nehmen.

Seit einiger Zeit beschäftigen sich unsere Schüler:innen beispielsweise im Rahmen des Projekts »Migration LiVe – Leben in Vielfalt erforschen« mit ihrem Heimatbezirk. Dabei lautet ihre Leitfrage: Berlin, Neukölln, unser Kiez – Wer sind wir? In vielen Interviews erlebten die Schüler:innen, wie unterschiedlich die Einwanderungsgeschichten und wie verschieden die Herkunftsländer der Menschen sind. Und wie überraschend Lebensgeschichten verlaufen können. So erfuhr eine Schülerin erst durch dieses Projekt, dass ihre Familie nicht aus Berlin stammte, sondern vor vielen Jahren der Urgroßvater aus Polen gekommen war. Es ist manchmal verblüffend, wie wenig die Schüler:innen über ihre Familiengeschichte wissen. Gerade darum braucht es solche Anlässe, um mehr über sich und andere zu erfahren.

Vom Lern- zum Lebensort

Wenn Sie sich einen Ort zum Leben aussuchen könnten, wäre es vermutlich nicht Ihre frühere Schule. Nicht nur, weil Sie längst dem Schulalter entwachsen sind. Auch nicht, weil Sie sich vielleicht an blöde Lehrer:innen oder Mitschüler:innen erinnern. Sondern weil Schulen oft nur als Lern- und nicht als Lebensort erkennbar sind.

Das ist schade, denn im Alter von sechs bis sechzehn Jahren verbringen Kinder und Jugendliche den größten Teil ihrer Zeit in der Schule – ob halb- oder ganztags.

Aus genau diesem Grund ist uns wichtig, den Campus als Lebensort auszugestalten. Dass dort lebenslanges Lernen stattfindet, ist selbstverständlich. Doch dieses Lernen wird nicht nur schulisch verstanden. Nicht in Fächergrenzen gepresst. Und vor allem nicht vorrangig als Zwangsveranstaltung gelebt.

Schon im März 2008 wurde deutlich, dass der Campus als Lebensort wahrgenommen wird. Im Rahmen eines offiziellen Beteiligungsverfahrens befragten Stadtplaner:innen nämlich einen Teil unserer Schüler:innen, wie sie ihren Schulort sehen. Sie sollten »blöde Orte« kennzeichnen, aber auch langweilige, ungenutzte, wichtige und wünschenswerte. Und Vorschläge für deren Entwicklung oder Schaffung machen. Die Ergebnisse waren überaus interessant. Klar, es kamen auch erwartbare positive Spinnereien heraus: Wünsche nach Swimmingpool und Shishabar. Doch vor allem wussten wir jetzt, dass manche unserer Schüler:innen Angst hatten, in der schwer einsehbaren Waldecke geschlagen zu werden. Dass vertrocknete Pflanzen vielen missfielen und sie sich Wiesen, Blumen und Bäume wünschten. Dass ein Ballsportplatz fehlte und die Mädchen sich eigene Rückzugsorte wünschten. Wir erkannten, dass unterschiedliche Altersgruppen verschiedene (kleine) Räume brauchten und unsere Mensa dringend ein Makeover benötigte mit mehr Nutzungsmöglichkeiten als nur der Mittagsverpflegung. Das alles in Form von Modellplänen vor uns zu sehen stärkte die Wahrnehmung unseres Campus als Lebensort.

Und das ist er ohne Frage. Wir sind hier nicht beieinander, um Deutsch, Mathe oder Physik zu pauken. Sondern um zu leben und dabei zu lernen. Dazu gehört ohne Frage ein Bildungskanon, der die Schüler:innen für ein erfolgreiches Erwachsenenleben mit Fachwissen und -kompetenzen ausstattet. Dazu gehören aber auch Erziehungsbereiche, die ganz allgemein fürs Leben schulen.

Über die sprachliche Integration habe ich schon ausführlich berichtet. Sie ist der Schlüssel zur Teilhabe. Und zwar nicht nur auf dem Arbeitsmarkt, sondern auch, um sich in gesellschaftliche Diskussionen einbringen zu können.

Mindestens genauso wichtig ist uns Demokratieerziehung. Mitbestimmen zu dürfen und zu sollen ist ein Privileg. Gerade Schüler:innen, die außerschulisch oft das Gefühl haben, abgehängt zu sein, müssen erleben, dass sie wirksam sein können. Und dass diese Wirksamkeit nicht durch Unrecht und Gewalt zu erreichen ist, sondern mit demokratischen Mitteln. Gerade erst hat der Campus – eigentlich aber die Schüler:innen, die sich dafür engagiert haben – den Helga-Moericke-Preis der Deutschen Gesellschaft für Demokratiepädagogik bekommen. Moericke war eine Berliner Frauenvertreterin und Lehrerin aus Reinickendorf, die sich für das Konzept des Sozialen Lernens eingesetzt hat. Der ihr gewidmete Preis zeichnet Schulen aus, die eine demokratische, diskriminierungskritische und diversitätssensible Wertekultur leben. Unsere 15 Schüler:innen aus dem Kurs »Naher Osten« haben sich dazu im Sommer 2019 gedacht: Nicht nur wir können Israel erleben. Denen, die nicht mit dabei waren, zeigen wir unsere Erlebnisse in einem Comic. Unsere Erlebnisse, das bedeutete für manche Schüler:innen auch die Begegnung mit der eigenen Biografie. So für Nagis, die mit ihren Eltern vor einigen Jahren aus Afghanistan nach Deutschland kam und das Projekt für die Kindernachrichtensendung *logo* erklärt hat. Sie weiß genau, was Krieg und Flucht bedeuten. Aus ihren und anderen Perspektiven entstand mit dem Lehrer Mehmet Can, der politischen Bildnerin Jamina Diel und dem Illustrator Mathis Eckelmann der Comic »Mehr als 2 Seiten«. Darin führt eine überall beliebte Falafel als Erzählerin im Hintergrund durch das Buch. Sie begleitet die reisenden Kinder zwischen Jerusalem und Ramallah, besucht mit ihnen die Gedenkstätte Yad Vashem und trifft zivilgesellschaftliche Initiativen, die sich für eine Verständigung in der Region einsetzen. Und das Beste daran: Den Comic kann jede:r nutzen – jede Schule, jede Jugendfreizeiteinrichtung und jede:r Falafelliebhaber:in. Das ist gelebte Demokratieerziehung.

Nicht erst seit den allgegenwärtigen Hygienevorschriften im Zuge der Coronapandemie, sondern schon lange zuvor waren uns Themen der Gesundheitserziehung wichtig. Dazu gehören klassische schulische Angebote wie der Besuch einer Zahnärztin in der Grundschule oder Angebote der Sexualerziehung in verschiedenen Jahrgangsstufen. Zusätzlich geht es für Eltern und Schüler:innen in unterschiedlichen Formaten zum Beispiel um gesunde Ernährung und Adipositasvorbeugung, um Bewegung im Alltag oder psychische Gesundheit. Pinar, einer Schülerin der ehemaligen Rütli-Hauptschule, die es mit Ehrgeiz und eisernem Willen in die gymnasiale Oberstufe geschafft hatte, und ihren Eltern wurde beispielsweise durch die Fürsorge der Schule für diese Themen bewusst, dass einiges im Argen lag. Pinars schulischer Erfolg hatte leider den Preis, dass sie eine Essstörung entwickelte. Es bedurfte der Anstrengung verschiedener Lehrer:innen, einer Schulsozialarbeiterin, einer Schulpsychologin und der Eltern, um aus diesem Kreislauf wieder herauszukommen. In Pinars Fall ist es gelungen, aber das ist nicht selbstverständlich.

Wie überall steht bei uns auch Medienerziehung im Fokus. Einerseits ist das ein Querschnittsthema, das sich durch alle Fächer zieht. Darüber hinaus ist uns aber klar, dass wir die vielfältige Medienwelt von heute nicht aus dem Campus aussperren dürfen. Dabei müssen wir mit unseren eigenen Kenntnissen anfangen. Deshalb kam »Chaos macht Schule«, ein Angebot des Chaos Computer Clubs, zu uns, um uns Lehrkräfte mit dem digitalen Klassenbuch bekannt zu machen. Deshalb diskutieren wir mit unseren Schüler:innen über Fake News in sozialen Medien. Und deshalb haben wir im Rahmen der Berliner Stiftungswoche 2014 zu uns auf den Campus eingeladen, damit wir noch mehr erfahren über »Lernen zwischen Fibel und Youtube«. Schule verharrt, finde ich, noch viel zu oft in einer Abwehrhaltung, wenn es um neue

Medien geht. Dabei gilt es, die mediale Lebenswelt unserer Schüler:innen zu umarmen. Und zwar fest, denn sie ist ein Teil unserer Schulfamilie.

Auf diese Weise ließe sich noch mehr erzählen – von Filmworkshops und dem Kunstprojekt CyanoTon, von der Come.back-Gruppe für die, die Schule erst (wieder) kennenlernen müssen, bis zur Aufräumaktion im Kiez. Das alles machen wir, weil wir hier zusammenleben – und weil dieses unser Leben bunt, fröhlich und lebenswert sein soll.

Hauptsache Nebensache

Der Campus Rütli ist glücklicherweise kein »Großschadensfall«, nicht einmal der seit einigen Jahren weitgehend leergezogene Altbau. So nennt man tatsächlich Schulen, in denen der Putz von der Decke fällt, das Dach undicht ist, die Stromversorgung regelmäßig zusammenbricht. Solche Schulen gibt es in Deutschland reichlich – Hunderte Großschadensfälle und Tausende kleine und mittlere Schadensfälle. »Die Liste der Zumutungen ist endlos lang«, befanden Claudia van Laak und Axel Schröder vom Deutschlandfunk schon 2017 – und bis heute hat sich kaum etwas geändert.

Vieles müsste anders werden, damit aus der vermeintlichen Nebensache Schulinfrastruktur eine Hauptsache wird. Das Problem liegt – im Widerspruch zum Lamento der Schulträger – weder in knappen Kassen noch in fehlenden Handwerkern oder der schieren Zahl der Mängel. Es liegt darin, dass die Schulen auch so weiterlaufen. Schulleitungen und Kollegien, Eltern und Alumni-Vereine, die den Kindern eine schöne Schulzeit bieten wollen, schaffen Interimslösungen. Da kitten Mütter schon mal Fenster, und Schulleiter streichen

Toilettenräume. Und schon ahnt die Verwaltung: Das geht doch noch eine Weile.

Nehmen wir ein Beispiel, das im wahrsten Sinne des Wortes zum Himmel stinkt: Schultoiletten. In einer von der German Toilet Association für ihr Toilettenkonzept ausgezeichneten Schule gaben bei der Erhebung des Vorherzustands drei Viertel der Schüler:innen an, das Schulklo gar nicht oder »nur, wenn's sein muss« zu benutzen. Die Organisation, die sich für eine »nachhaltige Verbesserung der Sanitär- und Hygienesituation durch Bewusstseinswandel auf politischen, gesellschaftlichen, institutionellen und administrativen Ebenen« einsetzt, will diesen Zustand nicht hinnehmen.

Der Campus Rütli auch nicht. Der lange Weg zu verbesserten Schultoiletten führt dort in verschiedene Richtungen und zu unterschiedlichen Akteuren. Zuerst die härteste Nuss: der sogenannte Sachaufwandsträger. An dieser Stelle ist ein Etat für die Reinigung von Schultoiletten eingeplant. Vorgesehen ist, einmal täglich jedes Klo zu säubern. Vermutlich würden Sie zu Hause die Putzfrequenz erhöhen, wenn es sichtbar nötig ist, und jede:r achtet auf Reinlichkeit, weil sonst schon bald ein unangenehmes Gespräch im Familienrat droht. In der Schule denkt jede:r »Ich war's ja nicht«, niemand nimmt seufzend die Klobürste, um Abhilfe zu schaffen. Und eine Aussprache droht mangels Rückverfolgbarkeit auch nicht. Bei dem einzigen Putzgang pro Tag in der Schule ist nicht einmal eingerechnet, dass manche Toiletten häufiger benutzt werden und andere seltener, ebenso sind die allgegenwärtigen Sperrungen einzelner Klos wegen kaputter Türen, verstopfter Abflüsse und anderer Schäden nicht berücksichtigt. Der Unterschied zu daheim: Auf Schultoiletten muss es in kurzen Pausen oft schnell gehen. Verschmutzungen werden von Schüler:innen, wenn überhaupt, nur nach dem Verursacherprinzip beseitigt, soziale Kontrolle gibt es nicht, und die Reinigungskraft des zwangsweise gewählten billigsten Dienstleisters hat pro Toilette nur drei Minuten Reinigungszeit.

Bei der skizzierten Frequentierung und im Wissen um den Broken-Windows-Effekt – wo bereits Schmutz ist, gesellt sich neuer dazu – müssten Schultoiletten viel häufiger geputzt werden, um ein angenehmes stilles Örtchen zu schaffen. Ein Schritt in die richtige Richtung wäre Personal, wie es früher einmal existierte. Da war eine im öffentlichen Dienst fest angestellte Reinigungskraft für »ihre« Schule zuständig. Das löst noch nicht alle Probleme rund ums müffelnde Schulklo, aber vielleicht einige.

Hilfreich ist auch ein Bewusstseinswandel bei allen Betroffenen vor Ort – allen voran Lehrer:innen und Schüler:innen. Dafür hat die German Toilet Association den Wettbewerb »Toiletten machen Schule« ins Leben gerufen. Damit wurde das stille Örtchen auf breiter Basis ins Bewusstsein geholt. Wir hatten am Campus Rütli in einem Projekt von Schüler:innen mit Künstler:innen bereits zuvor Wanddekorationen aus Mosaiken in den Toilettenräumen initiiert. Andere Schulen folgten, ermutigt durch den Wettbewerb, unserem Beispiel. Sie gingen sogar oft noch weiter. Die Wettbewerbssieger der Teltow-Grundschule in Berlin haben sogar ein ganzes Maßnahmenpaket erdacht. Vom jährlichen Toilettentag am 19. November über Toilettentüren mit Tafelfarbe, auf die Motivationssprüche geschrieben werden, bis hin zu einem Licht- und Duftkonzept für die Toilettenräume. Begleitend gibt es Workshops zu den Themen Wasserverbrauch und Klositten in aller Welt, das Stuhl-O-Meter mit Hinweisen zu gesunder Ernährung sowie Spendenaktionen für Viva con agua und andere Wasserschutzprojekte.

Ähnlich kreative Lösungen wie fürs Klo braucht es angesichts des eklatanten Platzmangels in vielen deutschen Schulen auch für andere Räume. Moderner Unterricht beinhaltet das Lernen in entsprechend ausgestatteten Fachräumen, in Kleingruppen, in luftig-hellen Einheiten. Der Raumbedarf ist dadurch größer als in den oft muffig-engen Domizilen, in denen noch vor hundert Jahren 40 oder mehr Schüler der Lehrkraft im Frontalunterricht lauschten.

Angesichts des Sanierungs- und Baustaus ist die Zahl der Räume jedoch nicht ausreichend gewachsen. Das bedeutet, dass Lernen für sehr viele Kinder und Jugendliche immer noch überwiegend in Räumlichkeiten stattfindet, die den definierten Ansprüchen an gute Lernbegleitung nicht ansatzweise entsprechen. Da sich das in absehbarer Zeit nicht ändern wird, gilt es über innovative Lösungen nachzudenken. Der Forderung, dem Schulbau Priorität im öffentlichen Baugeschehen einzuräumen, tut das keinen Abbruch. Auch ich bestehe darauf, regelmäßig vom Schulträger informiert zu werden, wie es um die Sanierungs- und Ausbaumaßnahmen rund um den Campus Rütli aussieht. Doch in der Zwischenzeit kann ich den Schüler:innen nicht zumuten, keinen angemessenen Lern- und Lebensort zu haben.

Also denken wir regelmäßig darüber nach, wie wir Räume besser nutzen können. So fiel uns beispielsweise auf, dass bei den benachbarten Jugendfreizeiteinrichtungen Räumlichkeiten vorhanden waren, die erst nachmittags oder abends genutzt wurden. Im Gespräch fanden wir gemeinsam eine

Lösung, sodass wir dort Unterricht anbieten können. Im Gegenzug kann die Jugendfreizeiteinrichtung ihrerseits unsere Räume, wenn sie schulisch nicht belegt sind, für ihre Lern- und Freizeitangebote nutzen.

Noch ein Beispiel: Am Campus Rütli haben sich einige Fremdsprachenlehrer:innen einen Fachraum fürs Sprachlernen eingerichtet – mit Postern vom Eiffelturm und anderen Sehenswürdigkeiten, Karten unterschiedlicher Länder und tollen Lernmaterialien. Trotzdem mussten wir feststellen, dass der Raum nicht durchgängig genutzt wird, weshalb er teilweise für andere Zwecke bereitgestellt werden soll. Und wieder gilt es im Gespräch die Wünsche, Ängste und Hinweise der Betroffenen zu hören – und darauf zu reagieren. Es gibt jetzt einen Schrank, um alle Materialien sicher verstauen zu können.

Manchmal vergisst man Räume sogar, weshalb es sich tatsächlich lohnt, durchs Haus zu gehen und zu schauen, wie dieses oder jenes Kämmerlein bisher genutzt wird. Vielleicht eignet es sich für einen ergänzenden Deutschunterricht, ein Musikangebot oder eine individuelle Betreuung.

Weiter geht es mit der Ausstattung der vorhandenen Räume. Das Musterraumprogramm gibt vor, was ein heute gebauter Raum leisten muss. Besonders wichtig: Raumgröße, Belüftung, Beleuchtung und Beschattung. Legten wir diese Maßstäbe an unsere Bestandsräume im Altbau an, könnten wir einpacken. Was wir am dringendsten brauchen, ist eine Außenbeschattung, die an der Südseite die Hitze aus den Räumen hält. Fehlanzeige. Stattdessen sind aus Geldmangel aktuell nur Vorhänge geplant. Angesichts des Klimawandels und der häufiger werdenden Hitzewellen bedeutet das einen hohen Verlust an Lehr- und Lernqualität.

Noch nicht erwähnt habe ich die technischen Erfordernisse. Wenn wir Schüler:innen auf die Welt von heute vorbereiten sollen, dann benötigen wir am Campus ein stabiles WLAN im Haus, Steckdosen für Schüler:innenlaptops, ein White- oder Smartboard mit Beamer als moderne Tafel mit allen multimedialen Möglichkeiten. Diese Hardware haben wir weitgehend. Sie wird sogar vom Hersteller installiert. Mit allen weiteren Herausforderungen stehen wir jedoch allein da. Uns fehlen Fachkräfte, um diese Ausstattung an die lokalen Gegebenheiten anzupassen und eine regelmäßige Wartung zu gewährleisten. Und um alle am Campus mit den Features vertraut zu machen, damit sie auch benutzt werden. Derzeit übernehmen das engagierte Kolleg:innen gegen ein Minimalmaß an Ausgleichsstunden und eine externe Firma fürs Troubleshooting. Letztere kann natürlich nicht schnell kommen, und so geht wertvolle Unterrichtszeit verloren, in der Kolleg:innen versuchen, die Technik zum Laufen zu bringen.

Das widerspricht dem Anspruch, den die Gesellschaft zu Recht an Lehrer:innen hat. Unterrichtszeit soll sinnvoll genutzt werden und nicht Leerlauf sein, während die Lehrkraft versucht, die Hard- und Software zu beherrschen. Die ungünstige, aber verständliche Reaktion von vielen Lehrer:innen: Buch, Bank und Tafel – da kann kaum etwas schiefgehen. Es ist aber auch Unterricht wie vor hundert Jahren. Oder man plant Unterricht für eine Vorführstunde, bei der die Technik umfassend vorbereitet und permanent überprüft wird, ergänzt um einen Plan B. Das ist dauerhaft aber nicht möglich.

Zusammenfassend: Wir sind sowohl technisch in der Suchbewegung als auch im Handling. Was wir, was andere Schulen brauchen, sind mehr Sicherheit, mehr Stabilität und mehr Professionalität. Und das kann nur die Schulverwaltung zusammen mit dem Schulträger schaffen. Dafür braucht es zweierlei: Erstens muss die Schulverwaltung sich an den Gedanken gewöhnen, dass es nicht wie in der »guten alten Zeit« nur Lehrer:innen für gelingendes Lernen braucht, sondern auch Fachleute anderer Professionen, beispielsweise IT-Administrator:innen. Diese müssen vor Ort sein. Eine Schule mit 1000 und mehr Schüler:innen ist wie ein mittelständischer Betrieb. Man stelle sich einen solchen im Jahr 2022 ohne hauseigene IT-Administration vor – undenkbar, aber in Schulen der Normalfall. Zweitens muss die Schulverwaltung Gelder bereitstellen – am besten mit Etatverantwortung an die Schule –, um die nötigen Expert:innen ans Werk zu bringen.

Am Ende will ich eines nicht verschweigen: Wir stecken in einem riesengroßen Dilemma. Denn die Verwaltung ist reaktiv eingestellt. Wo es nicht brennt, wird nicht gelöscht. Solange wir vermitteln, dass es geht, kümmert sich niemand. Da bitte ich als Schulleiterin meist vergeblich. Hier hilft mir meine Haltung. Aufgeben, Nichtstun, Däumchendrehen sind keine Optionen – denn es geht um die Kinder.

Wer hat an der Uhr gedreht?

Seit 40 Jahren arbeite ich gegen meinen Biorhythmus. Schule morgens um acht Uhr? Da halte ich es mit vielen meiner Schüler:innen, auch wenn ich weder von Grauen noch von Folter sprechen würde.

Fakt ist: Die Mehrheit der Schüler:innen wünscht sich seit Jahren einen späteren Schulbeginn. 2019 hat der Kinderkanal KIKA 1300 Erst- bis Sechstklässler:innen nach ihrem Wunschschulbeginn befragt. Das Ergebnis war eindeutig: Im Schnitt sollte es um 8:40 Uhr losgehen. Befragungen unter Pubertierenden hätten vermutlich eine noch spätere Zeit ergeben. Die Forschung sekundiert: Die meisten Menschen würden sich im Lauf ihrer Kindheit und Jugend vom Früh- zum Spättyp entwickeln, natürliches Licht verbessere das Aufwachen. Eine Studie der Universität Washington wertete einen Versuch im Bundesstaat Seattle aus, wo der Schulbeginn auf 8:45 Uhr verschoben wurde. Die Erkenntnis der Forscher:innen: Die Schüler schliefen mehr als eine halbe Stunde länger, ihre Leistungen verbesserten sich, und die Fehlzeiten waren geringer.

In den meisten europäischen Ländern denkt man ähnlich. In Spanien, Portugal, Frankreich, Italien und England geht es üblicherweise nicht vor neun Uhr los. In Deutschland hingegen zwingen einige Schulen ihre Schüler:innen schon um 7:15 Uhr zur »nullten« Stunde, in Sachsen und Sachsen-Anhalt geht es traditionell um 7:30 Uhr los und fast nirgendwo später als 8:15 Uhr.

Warum ist das angesichts der erdrückenden Forschungslage und der eindeutigen Umfrageergebnisse immer noch so? Die vielerorts und übrigens auch in Berlin möglichen versetzten Unterrichtsbeginnzeiten stoßen auf allerlei andere Interessen. Viele Argumente resultieren aus dem in Deutschland im Gegensatz zu anderen Ländern immer noch vorherrschenden Halbtagsschulprinzip. Eltern müssten pünktlich an ihren Arbeitsplatz, Lehrer:innen und Schüler:innen hätten gern nachmittags frei verfügbare Zeit, Schulbusse fahren über Land und sammeln Schüler:innen für unterschiedliche Schulen ein, die bisher einen einheitlichen Schulbeginn haben, eine Mittagsversorgung ist längst nicht an allen Schulen etabliert, auch vor dem nachmittäglichen Leistungstief fürchtet man sich.

Ehrlicherweise muss man sagen: Die meisten deutschen Bundesländer erlauben in ihren Schulgesetzen einen variablen Beginn. Wenn noch immer zu nachtschlafender Zeit unterrichtet wird, dann liegt es nicht an der Politik. Wenn Eltern, Schüler:innen und Lehrer:innen vor Ort mehrheitlich eine Veränderung wollen, dann können sie diese erreichen – der Schulkonferenz sei Dank.

Am Campus haben wir uns vorerst für einen Kompromiss entschieden. Auch bei uns fängt die Schule um acht Uhr an, aber in der ersten Viertelstunde ist eine Selbstlern- und Beziehungszeit eingebaut. Da können Unterlagen abgelegt, Lernportfolios vervollständigt oder individuelle Anliegen besprochen werden. Und wenn dann nicht mehr nur die Lerche singt, geht es los – immerhin bis 16 Uhr.

Ideen ermöglichen, Innovation fördern

Meine eigene Kindheit beweist: Das einzig Beständige ist der Wandel. Ich hatte eine überaus bewegte Schulbiografie. Daraus habe ich viel mitgenommen. Die Sehnsucht nach Kontinuität, aber auch das Wissen um die Chancen von Veränderung und den Wunsch nach Veränderung innerhalb eines Systems. Dableiben und anpacken statt weglaufen und verdrängen.

Schule begreife ich deshalb als Schule in Bewegung. Ich halte es mit Theodor Fontane: »Alles Alte, soweit es Anspruch darauf hat, sollen wir lieben, aber für das Neue sollen wir recht eigentlich leben.« Heißt nichts anderes als: Bewahren gelingt nur punktuell, und man sollte gut überlegen, was bewahrenswert ist. Und woran man nur festhält, weil Veränderung anstrengend ist.

Wären Schulen Wirtschaftsunternehmen, wüssten wir bereits seit Jahrzehnten, dass innovative Veränderung nicht nur irgendwie abläuft, sondern einen Rahmen braucht. Den kann man Prozesssteuerung oder anders nennen, entscheidend sind die Schritte, die Veränderung braucht.

Sie sind dazu da, Ängste, die mit Neuerungen einhergehen, handhabbar und im besten Fall fruchtbar zu machen. Menschen sind von Natur aus eher beharrend. Sich Neuem zuzuwenden, Ungewohntes zu probieren geht oftmals schief. Ein veränderungsbereites Verhalten hebt Menschen zudem aus der Masse heraus, und viele Menschen bewegen sich lieber in der schützenden Mitte der Gruppe – aber damit eben auch im Mittelmaß. Damit man mich nicht missversteht: Auch die Kolleg:innen, die etwas kritischer auf Innovationen blicken, leisten mit ihren Nachfragen einen wichtigen Beitrag für den Prozess. Darüber hinaus tragen sie, wenn sie Teamplayer:innen sind, mit ihrer Erfahrung und ihrem Engagement zum Erfolg von Schule wesentlich bei. So wie der Bildungsforscher John Hattie es gesagt hat: Auf den Lehrer und die Lehrerin kommt es an.

Veränderung macht jedoch nicht nur unsicher, sondern hält oftmals konkrete Hürden bereit. Daher braucht es Menschen, die Innovationen immer wieder anstoßen. In meinem Kollegium gibt es viele davon. Zum Beispiel die Kolleg:innen von »Fridays for Rütli«. Nach langen Monaten der Pandemie war spürbar, dass unsere Kinder und Jugendlichen sich erst wieder an das gemeinsame Leben und Lernen auf dem Campus gewöhnen mussten. So überlegten engagierte Kolleg:innen, in Anlehnung an »Fridays for Future« eben jene »Fridays for Rütli« einzuführen. Jeden Freitag denkt sich eine Klasse ein Event für die Schulgemeinschaft aus, von Torwandschießen bis hin zu Waffelverkauf. Es gibt die großen Innovationen, aber es gibt auch viele solcher kleinen Ideen, die Schule attraktiv machen.

Natürlich bin auch ich eine Anstoßerin, vor allem wenn es um strukturelle Veränderungen geht. Aber ich bin auch eine Anfeuerin: Immer wenn es notwendig ist, zeichne ich das Bild unseres großen Ziels. Mich braucht es vor allem in der Ermutigung, im Wegräumen verwaltungstechnischer und interner Hindernisse und in der Kommunikation nach innen und außen.

Um welche Veränderung geht es in Schulen überhaupt? Es handelt sich um ein weites Feld, das durch gesellschaftliche Erfordernisse bestimmt ist. Schule funktioniert nur im Dialog mit Gesellschaft und Gesellschaft wandelt sich. Ein Beispiel für einen am Campus Rütli erfolgreichen innovativen Ansatz war die Einführung des jahrgangsübergreifenden Lernens (JüL) in den Jahrgangsstufen vier bis sechs.

Dazu muss man wissen, dass JüL in Berlin in den ersten beiden Jahrgangsstufen verbreitet ist. Es fragt sich nur, wie lange noch, denn auch dieser Ansatz ist zum Spielball der Politik geworden. 2005 hatte der damalige Bildungssenator Klaus Böger die flexible Eingangsstufe, in der die Jahrgangsstufen eins und zwei zusammen lernen, verpflichtend eingeführt. Leider geschah das top-down und wurde so schlecht vorbereitet und kommuniziert, dass der an sich gute Ansatz auf erhebliche Widerstände stieß. Doch einige Schulen entschieden sich daraufhin sogar, JüL in den Klassen eins bis drei einzuführen. In der Grundstufe des CR² gab es das bereits, und wir haben beste Erfahrungen damit gemacht – mit dem entscheidenden Unterschied, dass wir es aus freien Stücken durchdacht und geplant hatten. Inzwischen ist die Verpflichtung zum jahrgangsübergreifenden Lernen der Klassenstufen eins und zwei in Berlin längst wieder abgeschafft. Hauptargument für diese Entscheidung war, dass dieses Unterrichtsprinzip in Schulen mit sozial benachteiligter Schüler:innenschaft angeblich nicht funktioniert. Der Campus Rütli belegt das Gegenteil.

Geblieben ist die Möglichkeit, dass Kinder, die etwas mehr Zeit benötigen, in Klasse eins oder Klasse zwei verweilen können. Dieses zusätzliche Schuljahr bekommen sie nicht auf ihre allgemeine Schulpflicht angerechnet. Doch von der Ursprungsidee ist praktisch nichts geblieben. Man kann sich unter diesen Bedingungen gut vorstellen, dass die Voraussetzungen für JüL nicht überall gleichermaßen gut sind. Obwohl das Prinzip pädagogisch überzeugend ist. Doch JüL ist mehr als eine organisatorische Veränderung und braucht die innere Überzeugung, dass altersheterogene Lerngruppen und deren Miteinander- und Voneinanderlernen individuelle Lernprozesse befördern und unterstützen.

In unserem Kollegium gab es etliche Stimmen, die sich eine Erweiterung des Modells vorstellen konnten. Auch ich war der Überzeugung, dass diese Veränderung gegenüber dem bisherigen jahrgangsgebundenen Modell eine gute Idee sei. Meine Grundstufenleiterin Christina Eichholz, eine überzeugte und hochkompetente Vertreterin von JüL, einige interessierte Kolleg:innen und ich begannen also in Zusammenkünften den Status quo infrage zu stellen. Insbesondere die Lehrer:innen der entsprechenden Jahrgangsstufen wollte ich herausfordern. Also stellte ich Fragen: Was würde passieren, wenn JüL eingeführt würde? Welche Möglichkeiten ergäben sich daraus? Welche Hindernisse sahen die Kolleg:innen? Es wurde leidenschaftlich diskutiert. Doch irgendwann, das war mir klar, musste der Startschuss fallen. Wir bildeten ein Team, das die Veränderung anleiten und begleiten sollte. Die Überzeugtesten sollten vorangehen und den Rest begeistern. Danach machten wir es offiziell: Die Jahrgangsstufen vier bis sechs würden vom folgenden Schuljahr an in einem Pilotprojekt gemeinschaftlich unterrichtet.

Wichtig war uns dabei, ein Bild des neuen JüL zu entwerfen. Welche Vision hatten wir, und wie wollten wir unser Ziel erreichen? Wir nutzten jede Gelegenheit, unsere Ideen über verschiedenste Kanäle zu kommunizieren. Nicht als Einbahnstraße, sondern als Durchfluss von oben nach unten und andersherum. Immer wieder hörten ich und andere zu, spürten Unsicherheiten und Abwehrhaltungen nach. Ich rief mir in Erinnerung, dass jede:r Kolleg:in Schule anders kennengelernt und dies als Normalfall verinnerlicht hatte. Trotzdem warb ich für das Neue, stellte aber auch, falls gewünscht, eine Versetzung in Aussicht. Ich wünschte mir stets ein gemischtes Team aus erfahrenen Lehrkräften und jungen Kolleg:innen mit neuen Ideen. Doch mir war auch klar, dass man niemanden zu dieser neuen Art des Lehrens verpflichten konnte.

Dann machten wir uns auf in die tägliche Kleinarbeit. Wir schufen – entlang unserer guten Erfahrungen aus den ersten drei Jahrgangsstufen – entsprechende Organisationsstrukturen, ermöglichten Fortbildungen, die unsere Lehrkräfte mit den entsprechenden Fähigkeiten ausstatteten, und etablierten Kommunikationsstrukturen, die allen Beteiligten Unterstützung und Hilfe ermöglichten. Gleichzeitig betonten wir, dass bei großen Veränderungen auch Fehler und Irrwege möglich und vielleicht sogar nützlich seien.

Manche Fortschritte und Erfolge zeigten sich schnell, andere ließen länger auf sich warten. Immer sorgten wir für Wertschätzung. Aber wir ließen uns auch nicht blenden. Solch eine Umstellung ist ein längerer Weg, der immer wieder Bestätigung und Absicherung braucht. Schließlich ging es uns nicht um gehorsames Mitmachen, sondern darum, Überzeugungstäter:innen zu schaffen, die JüL in diesen Jahrgangsstufen unbedingt erstrebenswert finden. Mittlerweile ist JüL die neue Normalität und sogar bis Jahrgangsstufe zehn möglich.

Ein Thema so weit zu bringen und es langfristig erfolgreich zu etablieren braucht Zeit und Durchhaltevermögen inklusive offener Augen und Ohren – und vor allem braucht es Vertrauen. Letzteres entsteht, wenn Innovation nicht frustet, sondern die Bedürfnisse aller sieht. Genau dafür sind wir auf der Schulleitungsebene da.

In Innovationsprozessen wie JüL, das eine Antwort gibt auf die Anforderung, Lernen zu individualisieren, zeigen wir, dass lebenslanges Lernen nicht nur eine abstrakte Forderung ist. Jeder und jede – und besonders Lehrer:innen – muss verstehen, dass es genau darum geht, wenn wir Schule erfolgreich machen wollen. Lernen heißt aber auch, erkennen zu können, wenn eine Innovation nicht trägt. Häufig wird das zuerst im Kollegium sichtbar. Schließlich stehen die Lehrkräfte in den Klassen und bemerken, wenn es hakt. Dann muss nachjustiert werden. Dieses Straucheln ist ein gutes Zeichen. Es ist eine Lerngelegenheit für alle im Team.

Dieses Team Rütli fängt bei den Einzelnen an. Schon bei der Einstellung achten wir darauf, dass Menschen zu uns kommen, die einen Veränderungswillen und Flexibilität mitbringen. Gleich im Erstgespräch lasse ich die zukünftigen

Kolleg:innen wissen: »Das ist eine Schule in Bewegung. Das muss man lieben. Manchmal ist es chaotisch, manchmal ist es überfordernd. Aber wenn das Ihres ist, dann sagen Sie Ja zu einer Schule mit Blick in die Zukunft.« Alle Bewerber:innen lassen meine Grundstufenleiterin und ich zunächst bei uns hospitieren. Spätere Überraschungen kosten nur viel Kraft.

Wer aber bei uns anfängt, auf die oder den warten ein eingespieltes Team, von dem er oder sie unterstützt und begleitet wird, und zusätzlich passende Fortbildungen. Die sind nämlich ein ebenso wichtiger Teil des Innovationsmanagements. Nicht jede gute Idee muss eine eigene sein. Wir lernen gern vom Vorbild. Am liebsten von Vorreiter:innen aus dem eigenen Haus. Um noch einmal das Beispiel JüL zu bemühen: Auch wenn die Kolleg:innen aus den Jahrgangsstufen eins bis drei andere Inhalte mit grundstufenspezifischen Methoden vermitteln, haben sie doch einen Vorteil gegenüber jeder externen Beratung. Sie haben ein Bewusstsein für die Besonderheiten von Rütli, sie kennen die Schüler:innen und den Sozialraum. Trotzdem schauen wir uns auch Best-Practice-Beispiele anderswo an. Unsere Lehrkräfte können in anderen Schulen hospitieren, beispielsweise in Montessori- oder Jenaplan-Schulen. Wir veranstalten Studientage mit externen oder internen Expert:innen.

Wichtig ist mir, dass Fortbildungen sich an unserem Bedarf orientieren. Viele Bundesländer haben bestimmte verpflichtende Fortbildungen. »Da muss jede:r hin« klingt schon nicht gut. Wenn dann noch die investierte Zeit als Verschwendung eingestuft wird, ist es vorbei mit Interesse und Engagement. Veränderung gelingt nur, wenn sie alle mitnimmt. Das ist auch meine wichtigste Forderung an die Schulverwaltung.

Wie man es besser nicht machen sollte, zeigt das folgende Beispiel: Im Juni 2021 bekamen alle Berliner Lehrer:innen ein Geschenk. Die Schlagzeile der Senatsverwaltung lautete »Tablets für über 10.000 Lehrkräfte noch vor den Sommerferien«. Die Zeitungen formulierten nach einer kurzen Erfahrungsphase der Beschenkten jedoch völlig anders, besonders treffend die sozialistische Tageszeitung *nd*: »Tablets als Briefbeschwerer«.

Wie konnte das geschehen? Lehrer:innen hatten sich zu Recht viele Jahre darüber beschwert, digital nicht ausreichend ausgestattet zu sein. Kurz vor der Wahl entschied Berlins Politik, diesem Missstand abzuhelfen und vorinstallierte Geräte im Gießkannenprinzip an alle Schulen gleichzeitig auszuliefern. Mitten in der Pandemie und kurz vor Schuljahresende wurden die Kisten mit Tablets tatsächlich geliefert. Sie mussten verteilt, registriert, nachbestellt und eingerichtet werden – zwischen Zeugniskonferenzen, Coronamaßnahmen und Vorbereitungen für das nächste Schuljahr. Dazu kam noch die Enttäuschung darüber, dass statt der angekündigten Laptops Tablets geliefert wurden. Die Kompatibilität mit den bisher genutzten Anwendungen erwies sich als fraglich, die Installation weiterer Programme als schwierig. Nach vorsichtigen Erhebungen werden die Geräte nur von einem Drittel der Lehrkräfte genutzt. Schade um das schöne Geld.

Ich bin mir fast sicher, dass vorher der eine oder die andere zu dieser Maßnahme befragt wurde. Ganz gewiss haben Kolleg:innen aus der Praxis gute Hinweise gegeben. Als nicht beteiligte Schulleiterin frage ich mich, warum die Empfehlungen in der konkreten Prozesssteuerung nicht gefruchtet haben.

Weniger Vorschriften, mehr Eigenverantwortung

Mitreden und mitbestimmen sind zentrale Pfeiler jeder Demokratie. Als ich mich 2001 beruflich verändern wollte und mich bewarb, fand mein Bewerbungsgespräch bei der Schulaufsicht Neukölln mit einer Schulrätin, jemandem vom Personalrat und der Frauenbeauftragten statt. Schulleiter:innen meiner möglichen neuen Einsatzorte waren nicht anwesend. Schlussendlich wurde ich der Heinrich-Heine-Schule in Neukölln zugeteilt. Weder der Schulleiter noch ich hatten bei dieser Angelegenheit ein großes Mitspracherecht.

Zumindest das ist seit einigen Jahren in Berlin nicht mehr vorstellbar. Heute sind es die Schulleiter:innen, die entscheiden, welche Lehrer:innen ihr Team bereichern. Das ist gut, aber leider immer noch nicht in allen Bundesländern Usus. Um es klar zu sagen: Der Erfolg des Campus Rütli wäre ohne diese Voraussetzung nicht erreicht worden.

Schule im dritten Jahrzehnt des 21. Jahrhunderts stellt sich vielfältigen Herausforderungen: kultureller Vielfalt, Mehrsprachigkeit, Inklusion und, nicht zuletzt, dem nach all den Jahren noch immer nicht eingelösten Versprechen der Bildungsgerechtigkeit. Keine Antwort nirgends. Die Bildungsforschung präsentiert Erkenntnisse, die allenfalls im Schneckentempo Eingang in die schulische Realität der Kinder und Jugendlichen finden. Immer noch werden Rezepte angewendet, wie es sie schon vor über hundert Jahren gab.

Jedes einzelne Bundesland entwickelt einen eigenen Lehrplan, eine im Wesentlichen normierte Lehrer:innenausbildung mit Schwerpunkt auf der Fachwissenschaft und für jede Schulform eine durchgetaktete Organisationsform. Die Schulleiter:innen haben mit ihren Teams die Aufgabe, all dies professionell umzusetzen und in messbare Leistungen zu übersetzen. Kontrolliert und begleitet werden sie dabei von der Schulaufsicht. Dabei ist es in einigen Bundesländern immer noch so, dass die Schulleiter:innen sich die Lehrer:innen nicht passgenau für ihr Team aussuchen dürfen.

Stattdessen werden Lehrkräfte zugeteilt. Weil das nach irgendeinem Stunden-, Fach- oder Personalschlüssel geboten scheint. Die Schulleiter:innen haben dann die Aufgabe, aus diesen beliebig zusammengewürfelten Pädagog:innen ein Team mit einem gemeinsamen Leitbild und einer gemeinsamen Haltung zu formen. Keinem Chef in der freien Wirtschaft würde das zugemutet werden. Warum nicht? Weil Betriebe am Markt erfolgreich sein müssen. Und dafür sollten sie die zu ihrem Geschäftsmodell passenden Mitarbeitenden beschäftigen.

Wenn also Politik und Verwaltung den Erfolg der Schulen wollen, dann müssen sie grundlegende Erkenntnisse und Prinzipien der Betriebswirtschaftslehre in Bezug auf Personalauswahl, Personalführung und Teambuilding anerkennen und anwenden.

Das geht nur, wenn man Schulen mehr Eigenverantwortung zutraut. Und zwar nicht nur bei der Einstellung von neuen Kolleg:innen, ihrer Förderung und den Forderungen an sie. Sondern auch bei der Frage, wofür das Schulbudget verwendet werden soll. Oder wie sich das Schulprofil entwickelt. Oder wie das schulinterne Curriculum ausbuchstabiert wird.

Ein Rezept, das in einem Bundesland flächendeckend bei allen Schulen gleichermaßen gut funktioniert – in kleinen und großen, in allen Schularten, in sozial benachteiligten und in großbürgerlichen Quartieren –, ist eine Illusion. Trotzdem versucht die Politik mit großer Anstrengung, den Schein aufrechtzuerhalten.

Ich wünsche der Politik und Verwaltung den Mut, ihren Schulleiter:innen und Lehrer:innen zu vertrauen. Die Steuerung von oben, weit weg von den Bedarfen der einzelnen Schule, kann nicht zielgenau sein. Die Steuerung durch Menschen in Ämtern, deren Kompetenz genauso wenig zuverlässig vorauszusetzen ist wie die der handelnden Personen auf der Schulebene, kann nur sehr begrenzt erfolgreich sein.

Die Berliner Senatsverwaltung hat aus diesem Grund 2016 das Bonus-Programm entwickelt, um Schulen in schwierigen Lagen einen eigenen Etat zur Verfügung zu stellen. Mit diesem Etat finanziert die Gemeinschaftsschule auf dem Campus Rütli zum Beispiel bis heute unsere höchst erfolgreiche Elternbegleiterin Frau Sahilli. Gebraucht wird also Eigeninitiative, und die kann nur in Eigenverantwortung realisiert werden. Zum Erfolg von Rütli gehört, dass wir – durch ein Programm mit frei verfügbaren finanziellen Mitteln, die die eigenverantwortliche Schule bedarfsgerecht einsetzen kann – Menschen an uns binden konnten, die etwas bewegen wollen und können.

Ich habe das große Privileg und die Freiheit, Schule vergleichsweise eigenverantwortlich gestalten zu dürfen. So kann ich immer wieder ein Team zusammenstellen, das zusammenpasst und sich in der gemeinsamen Verantwortung für die Kinder und Jugendlichen sieht, egal wie unterschiedlich diese auch sein mögen. Es steht uns frei, neben den formellen schulischen Gremien Strukturen aufzubauen, die den Pädagog:innen, den Kindern und den Eltern helfen, sich im Universum Schule zurechtzufinden. Aber auch bei uns gibt es Beschränkungen. Viele Lehrstunden, beispielsweise für die Sprachförderung, für die Inklusion und für die Profilbildung, stehen unter Vorbehalt. Was das heißt? Die Pädagog:innen entwickeln mit den zugewiesenen Stunden Ideen und Konzepte. Sie bauen Kurse auf, motivieren die Schüler:innen und freuen sich darauf, im kommenden Schuljahr den Faden wieder aufnehmen zu dürfen. Dann werden in der Stundenzuweisung diese Stunden reduziert, ohne dass es dafür einen für uns nachvollziehbaren Grund gäbe. Wenn wir, wie schon geschehen, weniger Stunden als im Vorjahr für die Sprachförderung zur Verfügung gestellt bekommen, dann fehlen uns Lehrerstunden. In diesem Fall war das im Umfang einer halben Lehrerstelle. Die Stunden waren aber perspektivisch schon an eine ausgebildete DaZ-Lehrerin vergeben, die sich darauf freute, das Konzept, das sie zusammen mit meinen Kolleg:innen erarbeitet und mit den Schüler:innen erfolgreich umgesetzt hatte, fortzuführen. Nicht zuletzt für die betroffenen Schüler:innen macht das einen großen Unterschied. Hier endet die Eigenverantwortung der Schule, und die Beschönigung der Statistik über den Lehrermangel beginnt. Doch dazu später mehr.

Wie viel wendiger Schulen auf Herausforderungen vor Ort reagieren können und wie die Verwaltung eher hindert als befördert, sieht man bei den Aufholprogrammen nach Corona. Sie wurden in allen Bundesländern geschaffen, um Lernrückstände auszugleichen, die durch den Distanzunterricht und andere Pandemiefolgen entstanden sind. Da geht es um viel Geld, in Berlin sind es 64 Millionen Euro. Diese Gelder werden an freie Träger vergeben, die sich um das Personal und die Organisation kümmern.

Doch woher nehmen und nicht stehlen? Wie gewinnen die freien Träger die Lehrpersonen in Zeiten gravierenden Lehrer:innenmangels? Da die Studierenden und die Ruheständler:innen sowieso schon alle in die Schule gerufen wurden, bleibt Schlimmes zu befürchten. Entweder können die Bedarfe nicht gedeckt werden, oder es werden womöglich ungeeignete Personen rekrutiert.

Auch die Organisation der Programme scheint nur wenig durchdacht – ohne die tatkräftige Unterstützung durch die Schulen kann das Aufholen nicht gelingen. Schüler:innen müssen motiviert, Namenslisten geschrieben und versendet, Räume gefunden werden. Klingt alles banal, ist aber entscheidend. Vor allem der erste Punkt. Denn Aufholprogramme sind nicht verpflichtend. Zudem findet der Unterricht nicht unbedingt an der eigenen Schule statt. Gerade sozial benachteiligten Schüler:innen fällt das Lernen mit einer unbekannten, oft unerfahrenen Lehrkraft und dazu in einer fremden Schule mit unbekannten Schüler:innen schwer. Häufig können sie sich auf diese Situation nicht einlassen oder gehen schnell verloren. So verpufft dieses teure Angebot, ohne dass Kinder und Jugendliche einen Nutzen davon haben. Gleichzeitig sind es gerade Schüler:innen aus sozial benachteiligten Familien, die am meisten Unterstützung benötigen.

Schade, dass man grundlegende Erkenntnisse aus Psychologie und Pädagogik beim Auflegen dieser Programme beiseitegeschoben hat. Es ist eigentlich eine Binsenweisheit, dass gutes Lernen eine persönliche Bindung zwischen Lehrkraft und Schüler:in braucht. Das wäre Bildungsgerechtigkeit. Im Gießkannenprinzip alle Schüler:innen zu bedenken und ein Programm für alle zu gestalten, erfüllt nicht die Aufgabenstellung.

In Sachen Eigenverantwortung frage ich deshalb: Wenn diese Programme sowieso nicht ohne erheblichen Mehraufwand für die Schulen laufen, warum gibt man dann das Geld nicht direkt an die Schulen und lässt sie nicht nur ihre Arbeit machen, sondern auch kreative Lösungen finden? Der Grund ist wahrscheinlich, dass den Behörden das Vertrauen in das Engagement und die Kompetenz der Schulen fehlt. Dabei könnten wir viel bewegen. Bei uns am Campus Rütli gibt es nämlich Lehrer:innen, die den Schüler:innen in ihren Ferien im Rahmen des Programms »Stark trotz Corona« Unterricht erteilen. Und die nehmen das Angebot zahlreich und gern an. Wir konnten auch ehemalige Abiturient:innen für diese Aufholjagd gewinnen. Sie kennen die Schule, sie kennen zum Teil sogar noch die Schüler:innen – und sie sind sehr stolz, sich ihrer Schule auf diese Weise erkenntlich zu zeigen.

Kinder und Jugendliche haben ein feines Gespür dafür, ob man ihnen in ihren Besonderheiten gerecht werden möchte oder sie mit vorgestanzten, gut zu plakatierenden Angeboten abspeist. So hört man allüberall, dass diese Programme nicht das erreichen, was dringend geboten wäre: die Schüler:innen nach langen Monaten des Lockdowns wieder anschlussfähig zu machen – im schulischen Stoff wie in ihrer emotional-sozialen Entwicklung. Wir aber hören mit unserer Idee etwas ganz anderes: »Es ist gut, dass wir bei unseren Lehrer:innen Unterricht haben und wir mit unseren Kumpels zusammen sind.« »Ich gehe gern hin, weil ich merke, dass es mir etwas bringt.« »Die Nachhilfelehrerin kenne ich, die hat letztes Jahr bei uns Abitur gemacht. Das ist cool.«

Wieder einmal haben die Verantwortlichen eine Chance vertan. Und die Eigenverantwortung von Schule wird auch hier eingehegt, beschnitten und engmaschig kontrolliert. Ich bezweifle sehr, dass der bürokratische Aufwand und das dazugehörige Regelwerk an Vorschriften auch nur im Ansatz das leistet, was allen versprochen wurde: »Stark trotz Corona«.

Sprachrohr der Schulen

Schüler:innen sollten in der Lage sein, vorhandene Möglichkeiten zur Veröffentlichung eigener Medienproduktionen zu prüfen und sie zu nutzen. So sieht es der Rahmenlehrplan für Berlin vor. Notwendig ist das, weil der kritische Umgang mit Medien laut Rahmenlehrplan für »ein sachgerechtes, selbstbestimmtes, kreatives und verantwortliches Handeln in einer von Medien wesentlich mitbestimmten Welt notwendig« ist.

Was Schüler:innen können sollten, um in einer modernen Welt erfolgreich zu sein, darf für die Schulen kein Fremdwort sein. Es braucht einen aktiven Umgang mit Medien. Als 2006 der Brandbrief alle Blicke auf die Rütli-Schule lenkte, war in den meisten Schulen von eigenständiger Medienarbeit noch nichts zu spüren. Die Veröffentlichung des Hilferufs rief Zeitungen und Fernsehsender en masse auf den Plan. Die Medien fungierten als öffentlicher Pranger, Rütli wurde als Failing School etikettiert. Das Steuer über die Berichterstattung hatte niemand in der Hand – schon gar nicht die Schule selbst.

Auch ich nicht, ich hatte keine Ahnung vom Umgang mit der Presse. Obwohl ich schon bald für den Campus Rütli zuständig wurde und als Schulleiterin eine zusätzliche Fortbildung gemacht habe, gab es keine Hilfestellungen zu diesem wichtigen Aspekt der Tätigkeit. So musste ich autodidaktisch herausfinden, wie die Presse gut in das Entstehen des Campus eingebunden werden konnte.

In den Folgejahren setzte eine durchaus wohlwollende mediale Begleitung ein, die ebenfalls problematisch war – zu schön war die Geschichte vom »Rütli-Wunder«. Wie gemacht für eine Erzählung nach dem Strickmuster des Dramas. Jahrelang kündigte sich der dramatische Konflikt an, verschärfte sich, bis auf dem Höhepunkt der Brandbrief mit Wucht das Problem offenlegte. Da das verlangsamende Moment den Tagesmedien kaum liegt, wird es regelmäßig übersprungen, um punktuell gleich zur Lösung vorzudringen. Glücklicherweise zur Lösung, denn die Dramenlehre hätte ja auch die Katastrophe zu bieten, wofür der Campus Rütli aber keinen Anlass bietet. Das klingt so weit, so gut. Es ist aber nur die halbe Wahrheit. Hilfreicher wäre nämlich, die Auflösung des Dramas etwas komplexer zu begleiten.

Am Campus Rütli versuchen wir das, indem wir erstens den Medien in einer Form begegnen, die den Campus als Brennglas gesamtgesellschaftlicher Entwicklungen sichtbar macht. Das heißt: Unsere Pressearbeit ist von Haltung, eigenen Grundsätzen und vor allem dem konkreten Beispiel geprägt. Wenn wir über bestimmte Aspekte sprechen – beispielsweise Inklusion, interkulturelles Lernen oder Sozialraum –, dann behaupten wir nicht: »Das machen alle Schulen so oder so.« Immer sprechen wir von dem, was wir konkret tun. Und dabei leitet uns der Gedanke: Es nützt nichts, die Hürden zu betonen, vor die uns die Aufgabe und oft auch die Verwaltung stellt, sondern es geht um unsere Handlungsansätze.

Unser Tun ist also von Lösungsorientierung geprägt. Achten Sie einmal auf Bildungserzählungen in den Medien. Sie folgen meist einem von zwei Mustern. Das erste ist das Katastrophenszenario. Es klingt etwa so: »Pandemie! Schrecklich, das ist nicht zu schaffen. Wir haben gar keinen Kontakt zu den Kindern. Es fehlt an der Ausstattung. Und diese unsagbare Belastung.« In einer Schule mit Lösungsszenario klingt es bei der gleichen Anfrage so: »Pandemie! Natürlich eine große Herausforderung. Es zeigt uns, dass wir noch mehr Möglichkeiten schaffen müssen, mit unseren Schüler:innen in Kontakt zu bleiben. Gerade bemühen wir uns darum, alle mit Materialien zu versorgen. Alle Kolleg:innen sind engagiert, um diese besondere Situation zunächst mit den Mitteln zu meistern, die uns zur Verfügung stehen.« Gut möglich, dass an beiden Schulen Ähnliches passiert, aber es klingt vollkommen verschieden.

Je nachdem, ob dieses oder jenes Erzählmuster medial gerade erwünscht ist, wird die eine oder die andere Schule für ein Statement angefragt. Da die Presse ein Recht auf Information hat und man sich die mediale Begleitung nicht aussuchen kann, entstehen dann ganz unterschiedliche Bilder. Vom Campus Rütli gibt es eher anpackende, kritische, aber optimistische Eindrücke.

Angesprochen werde ich auf viele Themen. Das ist auch durch die besondere Situation des Campus erklärbar: Bei einer Bildungseinrichtung, die an einen äußerst diversen, sich wandelnden Sozialraum gebunden ist und die alle Jahrgangsstufen umfasst, tauchen fast alle Themen auf, die gesellschaftlich diskutiert werden. In den letzten Jahren ging es oft um die Auswirkungen der Pandemie, um Sozialraumbindung, Inklusion und Gewalt. Man hat sich zu religiösem Mobbing ebenso erkundigt wie zu Schul- und Unterrichtsentwicklung. Gefragt werde ich aber auch, weil der Campus Rütli für bestimmte Werte steht. Für Idealismus, weil es uns darum geht, das Beste zu erreichen. Für Tatkraft, weil wir konkrete Lösungen ausprobieren. Für Pflichtbewusstsein, weil wir unabhängig von politischen Entscheidungen den Kindern geben, was ihnen zusteht. Und für Zuversicht, weil wir fest daran glauben, dass unser Handeln die Schulwelt positiv verändert.

Außerdem warten wir nicht nur auf Medienanfragen, sondern sind selbst medial aktiv. Schließlich lässt sich über das Beispiel Rütli viel über Deutschland im Allgemeinen erzählen. Im Guten wie im Schlechten. Dabei wollen wir über das hinausgehen, was üblicherweise medial über Schulen gemeldet wird: der neue Anbau, die Ergebnisse eines besonderen Kurses, Veränderungen an der Spitze einer Schule. Das ist nicht alles, was wir der Welt zu sagen haben. Deshalb laden wir zu verschiedenen Themen entweder die Presse direkt ein oder aber Politiker:innen, die ihrerseits wiederum Presse mitbringen. Sei es, wenn wir den ersten Abiturjahrgang verabschieden, wenn unsere Schüler:innen nach Israel fahren und einen Comic veröffentlichen oder wenn Schüler:innen unserer und der Nachbarschule ein pädagogisch wertvolles Computerspiel entwickeln. Bei einem deutsch-französischen Austausch 2015/2016 trafen unsere Schüler:innen Michael Roth, den damaligen Staatsminister für Europa, und luden ihn ein, mit ihnen auf dem Campus die aktuelle Flüchtlingspolitik der EU zu diskutieren. Ich weiß um die vollen Terminkalender von Politiker:innen. Umso mehr hat es mich gefreut, dass er der Einladung gefolgt ist. Das ist gelebte Demokratie- und Medienbildung, wie ich sie allen Schüler:innen wünsche. Denn Michael Roth kam nicht nur, sondern es wurde auch eine Pressemitteilung veröffentlicht, und die Öffentlichkeit konnte der spannenden Diskussion folgen. Meine Schüler:innen durften zu Recht stolz sein.

Medienkompetenz beginnt aber viel früher, nämlich damit, die Medien als wichtigen Akteur anzuerkennen. Und sie

zu nutzen, um mit der eigenen Erzählung andere zu unterstützen. Nach dem Motto: Tue Gutes und sprich darüber.
Was nicht heißt, Problemlagen zu verschweigen, sondern
Lösungsideen zu entwickeln. Ich bin sicher, Einigeln ist die
schlechteste Idee. Die zweitschlechteste ist bloßes Reagieren.
Ich handle nach der Überzeugung: Es braucht Außenwirkung,
damit kluge Gedanken fruchtbar werden können und wir uns
selbst in der Arbeit befruchten lassen können.

Über den Tellerrand

Denkt man derzeit an den Einfluss anderer Schulkulturen,
dann kommt einem die Ukraine in den Sinn. Binnen weniger Monate sind aufgrund des russischen Angriffskriegs fast
200.000 (Stand: November 2022) ukrainische Schüler:innen
in das deutsche Schulsystem aufgenommen worden. Nicht
immer ist das von ukrainischer Seite gewollt. So sprach sich
die ukrainische Generalkonsulin Iryna Tybinka dafür aus,
statt Willkommensklassen und deutschem Schulunterricht
lieber das ukrainische Bildungsprogramm online verfügbar
zu machen. Schließlich seien die Schüler:innen nur temporär
in Deutschland. Erfahrungen gebe es bereits aus Pandemie-
zeiten. Sie begründete ihre Haltung nicht nur mit dem Krieg
und seiner (hoffentlich) kurzen Dauer, nach der eine Rückkehr möglich sei. Sie argumentierte auch, dass in der Ukraine »intensiver« gelernt werde: Der Unterricht »vollzieht sich
in kürzerer Zeit als in Deutschland und hat ebenso höhere
Anforderungen«. Die Ukraine sei zudem modern, was digitale Unterrichtsformate betreffe. Die Neue Ukrainische Schule – ein Bildungsprogramm für das 21. Jahrhundert – stelle
alles zur Verfügung, was Kinder und Jugendliche brauchen,

um dem ukrainischen Lehrplan auch aus dem Ausland folgen zu können und um die jeweilige Klassenstufe und die ukrainischen Schulabschlussprüfungen zu bestehen. Ein überraschend selbstbewusstes Statement, wenn man sich die ukrainischen Resultate bei der PISA-Studie 2018 anschaut.

Warum erzähle ich Ihnen das alles? Offenbar ist es in Bildungsfragen besonders schwer, über den eigenen Tellerrand hinauszuschauen. Im Schulwesen zeigt sich eine nationale Identität. Hier geht es darum, wer mit welchem Ziel, welchen Mitteln, in welcher Zeit und unter welchen Bedingungen die Zukunft eines Landes ausbildet. Für ein Land, das durch einen Krieg in seinen Grundfesten erschüttert wird, sind diese Fragen besonders wichtig.

Spätestens aber wenn internationale Vergleichstests zeigen, dass das eigene Bildungssystem Probleme hat – das war in Deutschland 2001 der Fall –, lohnt es sich zu schauen, was andere anders (und teilweise besser) machen. Schaut man auf die neuesten PISA-Ergebnisse von 2018, erkennt man unschwer, dass der Blick nach Norden gehen sollte. Estland, Kanada und Finnland haben von allen OECD-Staaten die Nase vorn. Was machen diese Länder anders?

Bereits die PISA-Daten zeigen, dass dort der sozioökonomische Status eine deutlich geringere Rolle für den schulischen Erfolg spielt. Gemeinschaftsschulen sind in allen drei Ländern der Regelfall, Inklusion wird großgeschrieben. Darüber hinaus findet man zahlreiche weitere Aspekte für schulischen Erfolg. An drei Beispielen – der estnischen digitalen Schule, dem finnischen Integrations- und Inklusionsanspruch sowie dem kanadischen Lehrer:innenbild – möchte ich zeigen, dass es hinterm deutschen (Schul-)Horizont weitergeht.

Estland wird manchmal als digitales Wunderland bezeichnet. Und in der Tat, das Angebot an E-Dienstleistungen ist riesig. Schulentwicklungen der Kinder lassen sich online verfolgen, für Wahlen muss niemand mehr ins Wahlbüro laufen, Arztrezepte werden digital zugestellt, die digitale Unterschrift unter Verträge ist Standard, selbst der Standort des Selbstfällweihnachtsbaums im Staatswald kann per Handy bestimmt werden.

Auch im Klassenzimmer finden sich viele digitale Angebote, wenn auch – so jedenfalls der junge Lehrer und »Bildungsweltmeister« Alexander Brand – weniger als erwartet. In Estland setzt man auf das digitale Klassenbuch eKool, mit dem Lehrer:innen von Verwaltungsaufgaben entlastet werden. Über das Tool können sie Hausaufgaben stellen, Noten und Absenzen dokumentieren und sich mit Eltern austauschen. Außerdem gehören ein Computer für jede Lehrkraft und ein Beamer oder Smartboard zur Ausstattung jedes Klassenzimmers. Die Schulen werden von sogenannten Bildungstechnolog:innen unterstützt, IT-Fachkräften, die sich um die technischen Ressourcen kümmern, Lehrer:innen beim Medieneinsatz unterstützen und die Geräte warten. Auch die Lehrkräfte selbst sind im Umgang mit digitalen Medien gut aus- und fortgebildet. Für die Schüler:innen scheint das digitale Klassenzimmer gleichwohl vor allem in dieser Grundausstattung zu bestehen – und in fallweise eingesetzter Lernsoftware und digitalen Kommunikationswegen. Sie unterscheiden sich von deutschen Schüler:innen, so hat es Alexander Brand beobachtet, vor allem dadurch, dass sie die Bedeutung der Digitalisierung für ihren weiteren Lebensweg verinnerlicht haben. Ob in Programmierangeboten ab Klasse drei oder Robotikkursen an fast allen Schulen: Viele junge Est:innen sind nicht nur Bürger:innen eines E-Staates, sondern auch auf dem besten Weg in den lukrativen und zukunftsträchtigen IT-Sektor. Und die Schule bereitet sie bestmöglich darauf vor.

In Finnland hat sich der ausgebildete Lehrer und Journalist Rudolf Hermann umgesehen und festgestellt, dass hier Integration und Inklusion großgeschrieben werden. Was schon bei der ersten PISA-Studie 2000, bei der Finnland den ersten Platz belegte, wichtig war, gilt bis heute: Lernen findet in fächerübergreifenden Projekten statt, gelernt wird auch im Spiel. Prüfungen werden kaum geschrieben, es gibt auch keine Hausaufgaben. Soziale Kompetenzen und die Fähigkeit zur Problemlösung stehen im Mittelpunkt. Das alles würde wohl noch keinen Spitzenplatz erzeugen, wenn nur ein Teil der Schüler:innen davon profitieren würde. Doch Finnland ist besonders gut darin, diese Vorteile für alle Kinder und Jugendlichen nutzbar zu machen. Mehr als anderswo sind Schüler:innen hier unabhängig von ihrem sozialen Hintergrund erfolgreich. In Finnland ist die Überzeugung verbreitet, dass jedes Kind Stärken und Schwächen mitbringt, die erkannt und berücksichtigt werden müssen. Inklusion ist deshalb nicht nur ein international vorgegebenes Ziel einer Konvention, sondern ein überall spürbarer Leitgedanke. So erhalten Schüler:innen mit besonderen Bedarfen – und auch alle anderen – die Unterstützung, die sie individuell brauchen. Das geht natürlich nur mit den entsprechenden finanziellen Ressourcen. Auch da steht Finnland mit an der Spitze. Während Deutschland lediglich 4,5 Prozent seines Bruttoinlandsprodukts in die Bildung investiert, sind es in Finnland satte 6,8 Prozent.

Kanadas Schulsystem ist – ebenso wie das von Finnland – auch deshalb erfolgreich, weil der Lehrer:innenberuf dort ein hohes Ansehen genießt. Für viele junge Menschen ist der Beruf so attraktiv, dass sie sich dafür vor Beginn des Studiums einem strengen Auswahlverfahren unterziehen. Um dieses erfolgreich zu bestehen, arbeiten viele schon vor dem Studium ehrenamtlich im Bildungsbereich oder absolvieren einschlägige Praktika. Wenn sie studieren, wissen sie deutlich besser als ihre deutschen Kommiliton:innen, was sie später im Klassenraum erwarten wird. Bis dahin erhalten kanadische Lehramtsstudierende – mit kleinen regionalen Unterschieden, da auch Kanada ein föderales System ist – in einer vierjährigen fachspezifischen und einer zweijährigen allgemeinpädagogischen Ausbildung das Rüstzeug für ihren zukünftigen Beruf. Mit ihrem Abschluss dürfen sie im Gegensatz zum deutschen Studienabschluss in allen Jahrgangsstufen unterrichten. Eine schulartbezogene Hierarchisierung von Lehrer:innen in Sachen Prestige und Bezahlung findet nicht statt.

Auch Erzieher:innen im Bereich der frühkindlichen Bildung sind in das kanadische Bildungssystem einbezogen. Sie gelten als Lehrer:innen für die Kleinsten, und ihre Tätigkeit ist ebenso angesehen wie die anderer Lehrkräfte.

Wenn die kanadischen Lehrer:innen schließlich in der Schule angekommen sind, können sie sich nicht auf einem sicheren Beamtenstatus ausruhen. Ihre Karriere und ihre Bezahlung hängen von der Bereitschaft ab, sich kontinuierlich fortzubilden. Bis zu 40 Tage im Jahr informieren sie sich individuell in Sommer-, Abend-, Wochenend- und Ferienkursen beispielsweise über Classroom Management, die Förderung von Schüler:innen mit besonderen Bedürfnissen oder jahrgangsübergreifendes Unterrichten. Hinzu kommen fünf bis zwölf Tage gemeinsamer Fortbildung, in denen sich Lehrer:innen untereinander austauschen.

Alle paar Jahre unterziehen sie sich zudem einer Evaluation, die über ihre weitere Beschäftigung im Schuldienst entscheidet. Entlassen wird dabei kaum jemand, aber ein strukturierter Nachbesserungsprozess soll dafür sorgen, dass der hohe kanadische Bildungsstandard in jedem Klassenzimmer nicht nur graue Theorie, sondern bunte Wirklichkeit ist.

Es gibt unzählige weitere Perspektiven und viele andere Länder, deren Bildungssysteme spannende Einblicke bieten könnten. Ich bin so neugierig und informiere mich immer wieder, was jenseits unserer Grenzen geschieht. Der Politik in Deutschland würde ich es aber noch viel deutlicher empfehlen. Denn: Hinterm Horizont geht's weiter, aber – wie schon Udo Lindenberg wusste – nur gemeinsam sind wir stark.

Menschen, keine Nummern

Angeblich war es der frühere britische Premierminister Winston Churchill, der sagte, man solle keiner Statistik trauen, die man nicht selbst gefälscht habe. Für die Schulstatistik, mit der man alles von sich weisen oder aber alles belegen kann, passt das Zitat jedenfalls. Zur Schulstatistik muss man zunächst wissen, was sie bezweckt. Kultusministerien und Schulen stehen unter Erfolgsdruck. Erfasst werden beispielsweise Schüler:innen pro Schulart, Abschlüsse, Schulabbrecher:innen, Unterrichtsausfälle, Leistungen in einzelnen Fächern und vieles mehr. Ein Wust von Daten, aus denen sich jeder aussuchen kann, was zum eigenen Narrativ passt. Das Dumme ist: An diesen Zahlen werden wir gemessen.

Darüber kann man sich ärgern. Ändern kann man es nicht. Man kann den Datenwust aber auch als Chance verstehen. Denn tatsächlich kann man als Schulleiter:in Erkenntnisse daraus ableiten. Ein Beispiel: Am Campus Rütli werden die Schüler:innen, bei denen in der Jahrgangsstufe acht absehbar ist, dass sie auf regulärem Weg keinen allgemeinbildenden Schulabschluss erreichen, in kleinen Praxislerngruppen unterrichtet. Bei uns ist das ein Angebot eines freien Trägers der Jugendhilfe, wir bleiben dabei aber die sogenannte aktenführende Schule. Mit der kostenintensiven Maßnahme ist es manchen Schüler:innen möglich, innerhalb von zwei Jahren, auf die der Schulstoff der Klasse neun verteilt wird, doch noch einen allgemeinbildenden Abschluss und den Berufsübergang zu schaffen. Durch die hohen Praxisanteile und die Konzentration auf die wesentlichsten Fächer – Deutsch und Mathematik – finden einige den Weg in eine Ausbildung, viele jedoch nicht. Wir nehmen all diese Schüler:innen selbstverständlich in unserer kleinen Schulstatistik in den Blick. Für uns zählen sie wie alle anderen – und wir ziehen ganz konkrete Schlüsse für unsere Arbeit. Doch in der Statistik des Senats tauchen sie nach ihrem Wechsel in die Praxisgruppe nicht mehr explizit auf. Warum? Vielleicht weil die hohe Abbruchquote gerade bei diesen Schüler:innen die Statistik versaut. Wenn man den Ländervergleich aufhübschen will, dann überlegt man sich solche Konstrukte. Viel wünschenswerter wäre es, die Praxislerngruppen so aufzustellen, dass sie ihrem Anspruch, vulnerable Schülergruppen zu erreichen, genügen können. Eine ähnliche Schönung der Statistik geschieht durch teils abenteuerliche Definitionen bei der »Schulschwänzer«- oder der Ausfallstundenstatistik. Nicht nur in Berlin, sondern in vielen Bundesländern. Alles für ein Ziel: Deutschlands Klassenbester zu werden – oder zumindest nicht Schlusslicht zu sein. Klingt doch gleich viel besser in der Schulstatistik, die Deutschlands Bildungseinrichtungen vergleichbar machen soll. Was sie nicht tut.

Abhilfe sollen Schuldatenbanken schaffen. In Berlin wird gerade LUSD eingeführt, die Berliner Lehrkräfte-Unterrichts-Schule-Datenbank. Diese Idee unterstütze ich unbedingt. Die Vorstellung, Schulstatistiken seien »Folterwerkzeuge einer wildgewordenen Bildungsverwaltung«, wie es das Onlinemagazin *news4teachers* formuliert hat, ist grundfalsch. Doch der teils sehr kreative Umgang mit unangenehmen Zahlen sollte zumindest eingedämmt werden. Schließlich gibt es keinen Selbstzweck von Statistik. Ich finde, es wird Zeit für ehrliche Transparenz. Unser Bildungssystem muss deutschlandweit unter die Lupe genommen werden. Nur so können die richtigen Schlüsse gezogen werden. Einer der wichtigsten: Bildung braucht mehr Geld, das von den Schulen eigenverantwortlich an neuralgischen Punkten ausgegeben werden kann.

Die Schulstatistik ist nämlich auch für die einzelne Schule interessant. Nur aus einer anderen Perspektive. Nehmen wir an, ich bekomme die Daten der Vergleichsarbeiten aus zwei zehnten Klassen in Deutsch. Wenn sich diese unterscheiden, dann meist nicht aufgrund unterschiedlicher Rahmenbedingungen. Nein, es muss an etwas Internem liegen. Oft ist es diskontinuierlicher Unterricht. Wenn Schüler:innen die Bindung zu vertrauten Lehrkräften fehlt oder sie verloren geht, dann zeigt sich das rasch in den Leistungen. Wenn also längere Krankheit, Schwangerschaft, unter Umständen aber auch innere Emigration der Lehrkraft das Lernen unterbricht, wird es schwierig. Gute Unterrichtsqualität braucht Routinen, Klarheiten, Dasein.

Ich nutze die Statistik, diesen unübersichtlichen Wust aus Daten, als Ausgangspunkt für Verbesserungen. Es geht nicht um Anklage. Ein »Schau mal, wie mies deine Klasse abgeschlossen hat« hat noch niemandem geholfen. Ein »Lasst uns schauen, warum es beim Kollegen XY so gut läuft« ist fruchtbarer.

Außerdem ist es Aufgabe der Schulleitung, Rahmenbedingungen so zu organisieren, dass sie passen. Und nicht die Statistik. Die Schulverwaltung möchte beispielsweise von mir, dass die Ausfallstunden einen bestimmten Wert nicht überschreiten. Am besten gehen sie gegen null. Das ist ein berechtigtes Interesse. Mein Ziel ist darüber hinaus – und das steht manchmal im Widerspruch zu diesem Interesse –, dass Lehrkräfte nicht ausbrennen. Wenn also mitten in der Grippewelle zehn Prozent des Kollegiums fehlen, zwei Kolleginnen Nachwuchs erwarten und ein Kollege für drei Monate in Elternzeit ist, dann kann ich im Sinne der Schulverwaltung Vertretungsunterricht brachial durchsetzen. Und danach auf die nächsten Ausfälle der bald überforderten Lehrkräfte warten. Oder ich versuche eine kluge Verschiebung von Stunden, lege die Ausfälle in die Randzeiten und kümmere mich um eine langfristige Stabilisierung durch Ersatz.

Immer wäge ich bei solchen Fragen ab. Mein Amt verstehe ich strategischer, als nur Zahlen zu erheben. Das könnte auch eine Verwaltungsfachkraft. Letztlich interpretiere ich die Daten der Statistik also genauer als eine übergeordnete Behörde. Die Daten sind kein Allheilmittel, sondern eine Aufforderung an mich, sie mit meinem restlichen Wissen über meine Schule in Verbindung zu setzen.

Erst dann besteht die Chance, dass Schüler:innen etwas von diesen Erhebungen haben. Sind wir doch ehrlich: Kündigen wir einen Vergleichstest an, werden genervt die Augen gerollt. Wer will schon ständig vermessen, gewogen und womöglich für zu leicht befunden werden? In den meisten Schulen profitieren Schüler:innen kaum von der Datenerhebung. Mögliche Maßnahmen werden mit derartiger Verzögerung eingeführt, dass sie für die getestete Schüler:innengeneration nicht mehr relevant sind.

Das lässt sich aber anders gestalten. Am Campus verstehen wir statistische Erhebungen auch als Lerngelegenheit. Mit den Ergebnissen lässt sich für unsere Schüler:innen sinnvoll fragen: Welches Bild habe ich von mir, wenn ich mit diesem Ergebnis konfrontiert werde? Welche Kompetenzstufen will und sollte ich erreichen? Was bedeutet das für meine Zukunft? Für meine Berufswahl? Das sind die Fragen, die interessieren. Und das alle Schulen – von Platz 1 bis zum Schlusslicht in der Statistik.

Buddys für Schulleiter:innen

Nur fünf Jahre nach meinem Referendariat wurde ich 1990 stellvertretende Schulleiterin. Die Schnelligkeit, mit der ich in ein Leitungsamt berufen wurde, hatte sicher damit zu tun, dass ich mich von Anfang an über meine Tätigkeit als Lehrerin hinaus für die Schule als Ganzes interessierte. Und ja, ich wollte dieses unruhige, komplexe Gebilde, das entscheidenden Einfluss auf so viele hoffnungsfrohe junge Menschen nimmt, mitgestalten.

Als ich 1985 erstmals als fertige Lehrerin vor eine Klasse trat, stand an der Spitze der Schule eine Schulleiterin, die vom

Kollegium gewählt worden war. Sie war Prima inter Pares und verantwortlich für die Schulorganisation. Nur für diesen Bereich war sie weisungsbefugt. Alles andere und vor allem die Dienst- und Fachaufsicht lagen bei der örtlichen Schulaufsicht. Nichtsdestotrotz war sie für mich die wichtigste Mentorin in meiner Berufslaufbahn. Sie hat in vielen Gesprächen das gemacht, was man heute aktive Personalentwicklung nennt. Damals war das nicht ihre Aufgabe, aber ihre Überzeugung. Deshalb stellte sie viel Zeit zur Verfügung, um ihre Lehrer:innen weiterzuentwickeln. Meine Mentorin hat nicht gefragt, ob sie die Gespräche führen darf oder soll. Sie erschienen ihr schlicht notwendig. Und das habe ich von ihr gelernt: Das Notwendige muss man mit Herzblut tun.

Es mussten noch 20 Jahre vergehen, um im notorisch misstrauischen Deutschland zu verstehen, dass mehr Eigenverantwortung keine Gefahr, sondern eine Chance ist. Erst in den 2000er-Jahren erhielt die Schulleitung weitreichende Befugnisse und verantwortliche Aufgaben – so war es zumindest in Berlin. Wie in fast allen Schulfragen ist diese Entwicklung Ländersache, und so genießen aufgrund des Regelwerks bis heute manche Schulleiter:innen mehr Vertrauen und andere weniger.

Grundlegend war damals der Gedanke, dass die Schulen unmittelbarer auf Eltern und Schüler:innen reagieren können sollten. Auch die Leistungen der Kolleg:innen könnten Schulleitungen vor Ort kontinuierlicher im Blick haben. Außerdem, so dachte man, wären sie besser in der Lage, die Verwendung des Budgets auf die schulische Profilbildung auszurichten.

Klingt hervorragend, doch was dachten Schulleiter:innen in Deutschland? Nicht nur hatten sie ihre Tätigkeit als Lehrer:innen mit einem Interesse fürs Unterrichten begonnen, sie waren auch keine Finanzexpert:innen.

Aus der Betriebswirtschaftslehre weiß man schon länger um die Bedeutung von Führungskräften für den Erfolg eines Unternehmens: Er steht und fällt mit den Menschen an der Spitze. Vielleicht deshalb beließ es die Schulverwaltung nicht bei der Feststellung, man wachse mit seinen Aufgaben, sondern machte das Angebot, freiwillig an einer Schulleitungsqualifizierung teilzunehmen. Was leider nicht von allen angenommen wurde.

Inzwischen ist die Schulleiter:innenausbildung verpflichtend, beinhaltet aber in den verschiedenen Bundesländern unterschiedliche Inhalte. In Berlin umfasst sie diverse Module wie beispielsweise Konfliktmanagement, Prozesssteuerung, Change-Management. Bei den Veranstaltungen lernen sich Schulleitungskandidat:innen kennen, berichten von ihren Schulen und den jeweiligen Bedingungen und tauschen sich aus. Wenn es gut läuft, entstehen darüber gewinnbringende und nachhaltige Kontakte.

Bewaffnet mit dem im Wesentlichen theoretisch erworbenen Wissen und den Kontakten zu anderen unerfahrenen Führungskräften, stellen sich die jungen Schulleitungskolleg:innen voller Optimismus der Aufgabe, ihre Schule erfolgreich zu lenken. Gleichzeitig kann sich die Schulbehörde beruhigt zurücklehnen in dem guten Gefühl, alles für den hoffentlich reibungslosen Start getan zu haben. So schön könnte es sein, wenn alle Theorie nicht grau wäre.

Das Erste, was jede:n neue:n Schulleiter:in unmittelbar fordert, ist die Gleichzeitigkeit und Unvorhersehbarkeit der Anforderungen. Am ersten Tag meiner Amtsübernahme beschuldigte eine Schülerin einen Kollegen des sexuellen Übergriffs. Das löste einen regelrechten Tumult aus. War ich auf eine solche Situation vorbereitet? Nein. Von jetzt auf gleich sollte ich mich im Auge eines Sturms als Ruhepol bewähren. Ich musste allparteilich, sensibel und klug mit dem Kollegen, der Schülerin, den Eltern und der Schulöffentlichkeit agieren und kommunizieren. In dieser verworrenen Situation kam von der Schulaufsicht der sicherlich gut gemeinte Ratschlag, der Kollege solle sich doch selbst anzeigen. Man kann sich unschwer vorstellen, wie emotional er auf diesen Vorschlag reagierte. Natürlich gibt es keine Ausbildung, die auf jede mögliche Situation vorbereiten kann. Aber mehr Unterstützung als damals wäre sicher möglich.

Das dachte sich wohl auch die Schulverwaltung. Über die Basisqualifikation hinaus schuf sie ein Angebot für erfahrene Schulleiter:innen: Buddy[1] werden. Es sollte dafür sorgen, dass nicht jede Generation an Schulleiter:innen das Rad wieder neu erfinden muss. Ich selbst habe das Glück gehabt, an solch einer Qualifizierungsreihe teilzunehmen. Es war eine der besten Fortbildungen meines Lebens. Durchgeführt wurde sie durch eine externe Beraterfirma. Ich will nicht sagen, dass interne Fortbildungen schlecht sind, aber nicht zufällig holen sich erfolgreiche Unternehmen immer wieder Berater:innen ins Haus. Von außen blickt es sich anders und mit neuen Perspektiven auf eine Sache. Alles in allem: großartiger Gedanke, hervorragende Ausbildung – und doch gab es einen Pferdefuß. Wir, die nun qualifizierten Schulleiter:innen, sollten nämlich unser Wissen und unsere Erfahrungen ohne Stun-

---

[1] Das Angebot ist nicht mit dem Buddy-Programm zur peergrouporientierten Unterstützung von und für Schüler:innen zu verwechseln.

denausgleich zur Verfügung stellen. Die Verwaltung wusste schon, warum sie diesen Versuch bei Menschen machte, die ihre Aufgabe nicht nur als Beruf, sondern als Berufung sehen. Doch angesichts des Arbeitsvolumens, das Schulleiter:innen bewältigen müssen, und der Verbindlichkeit, mit der wir die Aufgabe übernehmen sollten, gab es wenige Kolleg:innen, die sich das zusätzlich zutrauten. Und so verebbte das Projekt.

Mein Vorschlag, Schulleiter:innen einfach miteinander zu vernetzen, vielleicht im ersten Schritt mit einem offenen, womöglich digitalen Angebot, wäre einfach und kostengünstig realisierbar. Insbesondere deshalb, weil sich junge Führungskräfte oft scheuen, bei der Schulaufsicht Rat zu holen. Eine digitale Plattform könnte ein Ort sein, um Fragen an erfahrene Kolleg:innen zu stellen, Unsicherheiten auszuräumen und von anderen Lösungsansätzen zu profitieren. Aber warum einfach, wenn's auch kompliziert geht?

In den fast 40 Jahren meiner Tätigkeit im Berliner Schulsystem kam ich immer wieder an meine Grenzen. Gerade in verfahrenen Situationen brauchte ich einen Außenblick, um neue Perspektiven entwickeln zu können. Diese Unterstützung habe ich mir privat gesucht und vor allem in den ersten Jahren auch privat bezahlt. So auch, als die Leitung der Gemeinschaftsschule geschäftsführend besetzt werden sollte. Damit verabschiedete sich die Senatsschulverwaltung von der Idee einer kooperierenden Schulleitung für die Gemeinschaftsschulen. Am Schulstandort Rütlistraße fühlte sich jede:r von uns drei amtierenden Schulleiter:innen – Franz-Schubert-Grundschule, Rütli-Hauptschule und Heinrich-Heine-Realschule – gleichermaßen für die neue Stelle qualifiziert. Im geschützten Rahmen der Supervision konnte ich meine Situation schildern. Ich konnte meine Motivation anschauen, meine Fragen und Sorgen zu möglichen Fallstricken darlegen und meine Sicht und Einschätzungen schildern. Schon die Visualisierung der einzelnen Gesichtspunkte half mir, das Problem besser zu durchdringen. Überrascht stellte ich fest, dass mir der Außenblick ganz neue Möglichkeiten eröffnete. Zur endgültigen Klärung machte die Supervisorin noch eine Rollenaufstellung, und auf einmal lag die Lösung so einfach wie offensichtlich auf dem Tisch. Es war eine äußerst heikle Lage, und am Ende wusste ich: Ich steige in den Ring. Ich möchte die Schulleitung übernehmen – trotz aller Anfechtungen. Ob ich ohne Supervision so stark und mutig vorangeschritten wäre? Ich denke, nein.

Wegen solcher Erlebnisse bin ich überzeugt, dass Supervision für Schulleiter:innen ein verpflichtendes kostenfreies Angebot sein muss. Der Charakter dieses Überblicks – so lautet die Übersetzung des Wortes aus dem Lateinischen – darf dabei nicht Kontrolle und Gängelung durch die Verwaltung sein, sondern eine vorurteilsfreie, selbstwirksame Begleitung von Führungspersonen. Supervision in der Gruppe und Intervision, also der Austausch zwischen verschiedenen Menschen in einer Institution, helfen zugleich, sich mit den Mitarbeitenden oder anderen Schulleiter:innen als Team zu sehen. Eine Schule zu leiten ist nämlich eine komplexe, zeitintensive und herausfordernde Aufgabe, die einsam macht. Das hat verschiedene Gründe. Es fehlt die Zeit für anderes, oft sogar für den Austausch. Manchmal ist es schwer, zu vertrauen und zu delegieren. Und nicht immer gelingt es, sich jemandem mit den eigenen Fragen und Fehlern anzuvertrauen. Genau das können Super- und Intervision auffangen.

Also: Auf zu mehr Berufszufriedenheit und besserer Gesundheit von Schulleiter:innen, aber auch von Lehrer:innen, egal ob der oder die Buddy Schulleiter:in, Mitarbeiter:in oder Supervisor:in ist.

Mit Hattie auf dem Campus

Manche Lehrer:innen haben es schon immer gewusst, andere gehofft, einige befürchtet: Die Lehrperson macht den Unterschied. John Hatties pädagogische Metastudie – vielleicht die einzige, die es je in die Top 20 der Sachbücher (Mai 2013) geschafft hat – hat es bewiesen. In »Visible Learning« hat der neuseeländische Pädagoge John Hattie 138 Faktoren untersucht, die das Lernen beeinflussen. Als das Buch unter dem Titel »Lernen sichtbar machen« auf Deutsch erschien, wirkte es wie eine kleine Revolution.

Die verkürzte Kernthese für Lehrer:innen: »Ich bin superwichtig!« So titelte *Die Zeit* und ließ in der saloppen Überschrift nicht ganz erkennen, dass das vor allem eins bedeutet: Verantwortung. Wenn wir am Campus Rütli über Hattie nachdenken, dann genau darüber. Was bedeuten seine Erkenntnisse für unseren alltäglichen Umgang mit Schüler:innen? Was für den Lernort, den wir bereitstellen? Welche Verantwortung haben wir?

Was Hattie herausgefunden hat, bestärkt mich auf meinem Weg. Wenn es im Wesentlichen auf die Lehrperson ankommt, dann muss zuallererst sie gestärkt werden. Genau das versuche ich jeden Tag. Da geht es um festgelegte Teamzeiten, in denen der kollegiale Austausch gefördert wird, aber auch um Fort- und Weiterbildungen. Unter denen gibt es immer wieder Pflichtveranstaltungen mit mehr oder weniger konkretem

Nutzen. Aber wir ergänzen sie durch Angebote, die auf die Unterstützungsbedarfe unseres Kollegiums zugeschnitten sind. So haben alle von unserem Fachleiter Fremdsprachen und anderen engagierten Kolleg:innen profitiert, die mit ihrem Interesse an individualisiertem und plattformbasiertem Lernen dafür sorgten, dass der Umgang mit digitalen Medien für die Kolleg:innen ein selbstverständlicher Teil ihrer Arbeit wurde. Wir haben gemeinsam digitales Unterrichtsmaterial entwickelt und für die Schüler:innen nutzbar gemacht. So fand digitales Lernen mit all seinen Möglichkeiten zur Individualisierung der Lernprozesse nachdrücklich Eingang in unseren schulischen Alltag. Gerade in der Pandemie war das ein großer Segen für uns alle.

Auf Hattie haben wir auch gehört, als es um die weitere Individualisierung des Unterrichts ging. Dafür braucht es eine seriöse Dokumentation des individuellen Lernstandes, was uns zum Portfolio und zum Logbuch führte. Yusuf hat darin seinem Lehrer geschrieben: »Ich musste lange das Teilen üben, weil ich das mit dem Rest nicht verstanden habe. Jetzt bin ich froh und habe keine Angst mehr vor dem Test. Ich übe nicht gerne, aber jetzt ist es gut.« Wenn ich so etwas lese, dann weiß ich, dass ein Nachdenken über das eigene Lernen eingesetzt hat. Und das wird Yusuf helfen, auch in Zukunft erfolgreich zu lernen.

Auch den Campusgedanken finden wir in John Hatties Studie bestätigt. Die Pädagog:innen der Gemeinschaftsschule, der Jugendfreizeiteinrichtung Manege und der Kindertagesstätten sind im Austausch. So erfahren wir mehr über die Bedürfnisse und Herausforderungen der jungen Menschen auf dem Campus, können sie in schwierigen Lagen besser begleiten und Übergänge mit ihnen gemeinsam gestalten. Dabei schien uns wichtig, dass immer auch Raum ist für soziale Aktivitäten wie gemeinsam gestaltete Ausstellungen oder Konzerte. Im letzten Schuljahr haben unsere Schüler:innen aus dem Migration Lab ihre Ergebnisse zum Thema „Unser Kiez, unser Campus, unser Blick" auf dem Campusplatz präsentiert. Ich habe mir in meinem Sabbatical davon erzählen lassen und dabei gespürt, wie Gemeinschaft gewachsen ist. Doch wie Hattie, der mit seiner Metauntersuchung aus der Ferne auf zahlreiche Detailstudien zu Bildung in aller Welt geschaut hat, blicke ich mit etwas mehr Abstand als sonst auf meinen Campus.

Als ich mir John Hatties Buch vornahm, stellte ich überrascht fest, dass die Wirksamkeit von Lehrkräften offensichtlich herausragend war – Lehrer:innen waren entscheidender als jeder andere Faktor im Lernprozess. Aber die Bedeutung von Schulleiter:innen wurde eher unterdurchschnittlich eingeschätzt. Ist Schulleitung tatsächlich nicht so wichtig?

Ich setze dem entgegen: Doch, auch sie ist bedeutsam. Dass ich mein eigenes Wirken reflektiere, zur Zusammenarbeit anrege, Vorbild für erfolgreiches Handeln bin, fordere und fördere, hat einen positiven Effekt. Aber wie es so ist mit Statistiken: Eine statistisch berechnete Effektgröße, die einen Strauß möglicher Maßnahmen abbildet, sagt noch nichts über einzelne Aspekte der Führung aus. Sie ist schlicht ein Mittelwert aus verschiedenen Ansätzen, von denen – so John Hattie im englischen *Leader Magazine* – »einige dieser Ansätze so ineffektiv sind, dass sich die Schulleiter:innen, wenn sie sich dafür entscheiden, genauso gut nicht zum Dienst melden könnten, während andere jedoch so etwas wie die Hauptschlagader« und damit ein wesentlicher Gelingensfaktor von Schule sind.

John Hattie hat immer wieder auf dieses Manko der Statistik hingewiesen – und die, die ihm gut zugehört haben, haben begonnen, sich einzelne Bereiche der Metastudie näher anzuschauen. Ihre Ergebnisse wiederum bestärken mich. Und sie haben mich zum Nachdenken gebracht über meine Führungsrolle. Ich bin jemand, der eine Vision und ambitionierte Ziele für den Campus Rütli hat. Anders hätte ich gar nicht durchgehalten.

Aber ich bin keine Kopie von Atlas, dem griechischen Titanen, der allein versucht, das Gewicht der Welt zu tragen. Im Laufe der Jahre habe ich mir deshalb ein Team gesucht, das meine Ideen teilt und eigene Impulse einbringt. Wir alle wollen das Personal am Campus ermutigen, neue Wege zu gehen. Wir schützen die Lehrkräfte vor unnötigen externen Anforderungen und gewähren ihnen ein hohes Maß an Autonomie im Klassenzimmer.

Auf der anderen Seite stehen für mich unbedingt die Schüler:innen im Mittelpunkt. Deshalb halte ich im Rahmen des mir Möglichen selbst Unterricht, beobachte Referendar:innen oder Kolleg:innen, die besondere Herausforderungen in der Klasse erleben, und ich lasse mir regelmäßig aus dem Unterricht berichten. Das Hospitieren habe ich an meine Fachleiter:innen delegiert, die ich um regelmäßige Besuche bei den Kolleg:innen bitte.

Diese Art von Begleitung ist an vielen Schulen unüblich oder mit einer formalen Beurteilung verknüpft. Doch mir geht es um etwas anderes. Ich möchte, dass Vertrauen vorhanden ist, sich kollegial zu kritisieren, aber vor allem zu unterstützen. Nur so können Lehrer:innen sich entwickeln. Und wenn sie das tun, wird das auch das Lernen der Schüler fördern.

All das sagt auch die Hattie-Studie. Sie zeigt aber noch weitere Gelingensbedingungen auf, die in meine Arbeit als Schulleiterin einfließen. Kooperation zwischen allen Beteiligten ist wichtig. Strukturen allein – seien sie gut oder schlecht – bewirken wenig. Neben Lernleistungen spielt auch die Ausbildung weiterer Kompetenzen eine große Rolle. Soziale, ethische und interkulturelle Kompetenzen lassen sich jedoch schwerer messen und werden deshalb viel seltener erhoben. Schade, denn gerade das leistet der Campus Rütli mit seiner Stadtraumbindung besonders intensiv.

Und das Wichtigste aus der Hattie-Studie: Es kommt nicht auf die Lehrkraft an. Jedenfalls weniger auf ihre physische Erscheinung, ihr Alter, ihre Schwerpunkte oder Ähnliches. Das Entscheidende ist ihre Haltung. Hattie spricht hier von »leidenschaftlichen und inspirierenden Lehrer:innen« – und wenn meine Kolleg:innen und ich eines sind, dann ist es genau das.

Das zeigt sich beispielsweise im jahrgangsübergreifenden Lernen. In der Hattie-Studie zählte das nicht zu den Erfolgsfaktoren. Ich bin mir aber sicher, dass der Erfolg von der Umsetzung abhängt. Jahrgangsübergreifende Angebote mit der Axt durchzusetzen führt zum Misserfolg. Innovationen jedweder Art können für ein Kollegium nur interessant sein, wenn es sich dafür begeistert.

Der junge Sprachbildungskoordinator an unserer Schule ist ein Beispiel für einen inspirierenden Lehrer. Er hat früh erkannt, dass ihn die Themen Integration und Mehrsprachigkeit besonders interessieren, und hat sich bei uns Möglichkeiten gesucht, dieses Interesse einzubringen. Er leitet Sprachbildung an, koordiniert die Beteiligten und bildet sich und das Kollegium fort. Sein Engagement und seine Erfahrungen, die er am Campus gesammelt hat, bringt er inzwischen auch in der Lehrerbildung ein. Das Gesagte gilt für viele andere Kolleg:innen ebenfalls. Auch die Sonderpädagog:innen brennen und arbeiten trotz vieler bürokratischer Hindernisse intensiv für eine inklusive Regelschule.

Auch viele meiner gestandenen Lehrkräfte sind sehr warm und nah am Kind. Sie können besonders gut hören, um dann zu unterstützen – auch mithilfe von außen. Das sind die Lehrer:innen, bei denen immer wieder Projekte entstehen, die passgenau zugeschnitten sind. So auch das Projekt zur Verschönerung der Toilettenräume durch Mosaike. Oder das regelmäßig stattfindende Fußballturnier, das besonders attraktiv ist für unsere »bösen« Jungs. Oder das jährlich wiederkehrende Religionsprojekt »Die Weltreligionen«, bei dem unsere Schüler:innen Einblick in die verschiedenen Religionen gewinnen und am Ende deren Gotteshäuser besuchen. Das sind nur drei Beispiele von vielen.

John Hattie hat einmal gesagt, er habe aus all seinen Untersuchungen vor allem gelernt, dass fast alles, was eine Lehrkraft im Klassenzimmer tut, irgendwie funktioniert. Die Schlüsselfrage sei daher nicht »Was geht?«, sondern »Was geht am besten?«.

Neue Lehrer:innen braucht das Land

Als ich 1985 mein zweites Staatsexamen ablegte und mir die Königin-Luise-Stiftung eine Stelle anbot, fühlte ich mich wie auf Wolke sieben. Ich konnte in meinem Traumberuf arbeiten! Damals alles andere als selbstverständlich. Die meisten meiner gut qualifizierten und motivierten Mitstreiter:innen erhielten keine Stelle, viele mussten sich nach anderen Verdienstmöglichkeiten umsehen und haben dort ihre neue berufliche Heimat gefunden.

Wie anders ist das heute! Die meisten jungen Lehrer:innen haben eine absolut sichere berufliche Perspektive. Sie können sich das Bundesland, den Landkreis, die Schule aussuchen – zumindest mit ein wenig Geduld. Das sind erst mal gute Nachrichten. Die schlechte Nachricht ist: Sie decken den Bedarf bei Weitem nicht ab. Ergänzend braucht es Studierende, Ruheständler und Quer- und Seiteneinsteigende, aber das reicht immer noch nicht. Hinzu kommt, dass mit Ausnahme der Ruheständler die Neuangeworbenen Schule von innen meist nur als Schüler:innen kennen. Die Grundlagen guten Unterrichts sind ihnen unbekannt: Kompetenzen, Standards, Phasierung, Medieneinsatz, Methodenwechsel, Impulssetzung – alles Fremdwörter. Ausgestattet mit großem Mut und viel Zuversicht stehen sie dann allein vor 26 kleinen oder pubertierenden Schüler:innen, die ein garantiertes Recht auf (guten) Unterricht haben, und geben ihr Bestes. Doch gut gemeint ist leider nicht immer gut gemacht. Deshalb kann diese Verwaltung des Mangels, das Flicken hier und das Stopfen dort, keine dauerhafte Lösung sein.

Die dringende kurzfristige Frage lautet also: Wie können in dem relativ starren System Schule diese Menschen befähigt werden, guten Unterricht zu erteilen? Wie können wir diese Menschen so in den Beruf begleiten, dass die Schul- und Unterrichtsqualität auch nur annähernd gesichert ist? Immerhin werden unsere neuen Kolleg:innen die Schullandschaft auf Jahrzehnte mitprägen. In Berlin gibt es eine Grundschule, in der nur ein Drittel des Kollegiums voll qualifiziert ist. Wer soll hier noch qualifizieren? Die Verbeamtung, neben der Schulbauoffensive das große bildungspolitische Projekt des Berliner Senats in dieser Legislatur, wird es nicht richten. Das deutet sich bereits an. Zumal alle anderen Bundesländer, die schon lange verbeamten, ebenfalls unter großem Lehrermangel leiden. Natürlich ist Berlin attraktiv. Das weiß ich, weil sich viele junge Menschen beim Campus Rütli bewerben und darüber sprechen, wie sehr sie von dieser Stadt fasziniert sind. Ob das aber ausreicht, um die riesigen Lücken zu füllen, wissen wir nicht. Dem Senat ist es mit großen Anstrengungen gelungen, die Statistik etwas zu verbessern. Besonders dramatisch ist die Situation für all die Kinder und Jugendlichen, die keine Eltern oder Nachhilfen als Hilfslehrer:innen zu Hause haben. Wie Hattie in seiner Studie schon festgestellt hat: Auf die Lehrkräfte kommt es an. Ihre bestmögliche Qualifikation ist eine staatliche Aufgabe. Es gibt durchaus durchdachte Programme für Quereinsteiger:innen. Ein von oben wahrscheinlich erwünschtes Durchwinken aller möglichen Kandidat:innen mag zwar die bequemste und rascheste Art der Problembehebung sein, aber mit den Folgen solcher Gedankenspiele hätten wir jahrzehntelang zu tun.

Zum Abwenden von Schaden gehören zusätzlich unangenehme, sicher auch kontrovers zu diskutierende Problemlösungsvorschläge: Kürzung der Stundentafel verbunden mit einer Entschlackung der Rahmenlehrpläne, Verkürzung der Unterrichtsstunden, um mehr Lehrerstunden zu generieren, gut durchdachtes E-Learning. Aus meiner Sicht nicht tragbar ist allerdings das Kürzen der Stunden bei den Schwächsten – den Kindern mit Inklusionsbedarf, den Jugendlichen aus migrantischen Familien mit Sprachdefiziten, den jungen Menschen aus sozial benachteiligten Familien. Und natürlich darf die Kürzung nicht nur die angeblich weniger wichtigen Fächer aus dem musisch-sportlichen Bereich betreffen. Der Rahmen muss so gesteckt werden, dass der Schaden begrenzt wird, wenn schon der Mangel nicht behoben werden kann. Und wenn der Rahmen gesteckt ist, gehört das Ganze in die Hände der eigenverantwortlichen Schule.

Die dringenden langfristigen Fragen beginnen in der Vergangenheit und reichen in die Zukunft: War das alles nicht absehbar? Sind die Prognosen so unübersichtlich? Das frage nicht nur ich mich. Erst kürzlich diskutierten drei Redakteur:innen des *Deutschlandfunks* unter dem vielsagenden Titel »Im Gruselkabinett Bildungspolitik« über den Lehrermangel und attestierten der Kultusministerkonferenz eine Mischung aus Schlafmützigkeit und Verschleierungstaktik: »ein Mangel mit Ansage«. Wie viele Lehrkräfte in welchem Jahr in den Ruhestand gehen und wie viele Kinder mindestens im Jahr X zur Schule kommen, das lässt sich leicht errechnen. Offenbar nicht leicht genug, denn schon mehrfach wurde der Kultusministerkonferenz nachgewiesen, Ist und Soll kreativ einander anzunähern. Für alle zusätzlichen Eventualitäten, die seit Jahren stets nur eine Richtung kennen, nämlich hin zu größerem Bedarf, müssen Lehrer:innenstellen aufgeschlagen werden. Ja, das führt zu einer zunächst teuer anmutenden Lehrer:innenreserve. Doch hektisches Agieren im Bedarfsfall ist keine bessere Lösung. Den ganzen Irrsinn erkennt man in Berlin besonders gut: Wie kann es angesichts dieser dramatischen Situation sein, dass die Stadt nur wenige Studienplätze für das Lehramt zur Verfügung stellt und diese nur von Abiturient:innen mit einer Eins vor dem Komma ergattert werden können? Und wie kann es sein, dass von den Studienanfängern nur ein Teil wirklich bis zum Abschluss durchhält – gerade in den besonders nachgefragten naturwissenschaftlichen Fächern? All das hat die Politik zu verantworten, und auf ihrer Ebene muss die Lösung liegen. Sie darf sich allerdings nicht in Studierendenzahlen erschöpfen. Es geht auch um die generelle Attraktivität des Berufs, um Flexibilität in der Schulartwahl – inklusive gleicher Bezahlung – und nicht zuletzt um den Stellenwert der Bildungspolitik in Deutschland.

Schon als ich mich entschloss, Lehrerin zu werden, gab es viele mitleidige Reaktionen. So ein spießiger Beruf, überhaupt nicht sexy. Das Wenige, was für den Beruf sprach, waren das sichere Arbeitsverhältnis und die schon damals nicht zutreffende Zuschreibung, morgens hätte man recht und mittags frei. Heute haben wir eine komplett andere Situation: Ganztag, Inklusion, gesellschaftliche Heterogenität, um nur einige der großen Herausforderungen zu nennen. In Zeiten von schicken Start-ups und einem hohen Bedarf an qualifizierten Arbeitskräften stellt sich die Frage, wie junge Menschen für den Lehrberuf zu begeistern sind, nochmals dringender. Warum sollte ich als junger Mensch einen Beruf wählen, der wenig soziales Ansehen verspricht und gleichzeitig höchste Ansprüche stellt? Wie konnte es geschehen, dass ein gesellschaftlich so wichtiger Beruf so diskreditiert wurde? Die Antwort ahne ich zumindest in Ansätzen: Politische Resignation, gesellschaftliche Geringschätzung und das hohe Maß an Alternativen wirken zusammen. In jeder Berufsgruppe, ohne Frage auch bei den Lehrer:innen, gibt es schwarze Schafe.

Aber nur bei ihnen wird vom Einzelfall auf die ganze Berufsgruppe geschlossen.

Nach fast 40 Jahren meiner Berufstätigkeit liebe ich noch immer meinen Beruf, die Höhen und die Tiefen, den großen Gestaltungsspielraum und das hohe Maß an Wirksamkeit – was für ein Privileg! So rufe ich allen jungen Menschen zu: Wählen Sie diesen Beruf, er ist so sexy, wie Sie ihn machen!

Ein Dorf, um ein Kind zu erziehen

Der Campus Rütli liegt nicht in einem Dorf. Selbst der Bezirk Neukölln ist Teil einer komplexen Stadtgesellschaft. Aber das sprichwörtliche Dorf, um ein Kind zu erziehen, das braucht es immer und überall. Schließlich sind Bildung und Schule ein Nukleus, von dem aus Gesellschaft entwickelt wird. Hier kommen Menschen aus verschiedenen Schichten und mit unterschiedlichen Normen und Werten zusammen. An diesem Ort treffen Schüler:innen aufeinander, die individuelle Lebens- und manchmal Leidensgeschichten mitbringen. Sowohl die Bedarfe der Kinder, die in der Schule einen großen Teil ihres Lebens verbringen, als auch die Erfordernisse des Stadtteils mit all seinen anderen Bewohner:innen müssen hier gut zusammengebracht werden.

Dafür braucht es besagtes Dorf, also verschiedene Institutionen und Interessengruppen. Sie benötigen Verbindungen zueinander, um ihre spezifischen Stärken und eigene Blickwinkel einbringen zu können. Am Campus Rütli kann man sehen, wie das gelingen kann.

Gleich zu Beginn der Campusentwicklung haben wir Kinder und Jugendliche in die Planung der einzelnen Einrichtungen einbezogen. Es ging uns darum, ihre Wünsche und Vorstellungen zu hören. Und diese, wenn möglich, aufzunehmen, um aus dem Campus einen Lern- und Lebensort zu machen. Bis heute pflegen wir viele Formen der Schüler:innenmitbeteiligung, beispielsweise eine Schüler:innenvollversammlung oder den wöchentlichen Klassenrat.

Das sind geeignete Anlässe, um zu hören, was unsere Schüler:innen so umtreibt. Die mangelnde Sauberkeit in den Toiletten und die Qualität des Mittagessens sind dabei ein Dauerbrennerthema. Wir haben in diesem Rahmen auch schon einen Wettbewerb um die sauberste Klasse ausgerufen und die großen Schüler:innen gebeten, etwas netter zu den kleineren zu sein. Hier wurden schon Vorschläge zur besseren Pausengestaltung gemacht und Überlegungen angestellt, ob die Sport- und Spielgeräteausgabe reibungsloser läuft, wenn sie in die Hände von Schüler:innen gelegt wird. Nicht alle Vorschläge werden umgesetzt, doch manche schon, und sie haben sich als fruchtbar erwiesen.

Das gleiche Prinzip gilt für die Jugendfreizeiteinrichtung am Campus. Dort tauschen wir uns immer wieder über unsere Perspektiven aus. Wir lassen uns darüber unterrichten, was Jugendfreizeit aus pädagogischer Sicht bedeutet. Schließlich teilen wir zwar gemeinsame pädagogische Überzeugungen, uns unterscheidet aber auch einiges. Zum Beispiel, dass Jugendfreizeiteinrichtungen freiwillig aufgesucht werden. Oft können wir uns einiges abschauen. Die Manege arbeitet zum Beispiel sehr partizipativ und kann uns zeigen, wie Vorstellungen von Kindern und Jugendlichen integriert werden können und welche Vorteile davon zu erwarten sind. So wird der dort inzwischen etablierte Jugendrat in viele Entscheidungen einbezogen, auch in die Auswahl der neu einzustellenden Mitarbeiter:innen. Die Bewerber:innen müssen sich den Fragen der Kinder und Jugendlichen stellen. In solchen Situationen spüren sie, dass ihre Stimme Gewicht hat. Und gleichzeitig übernehmen sie Verantwortung für die Entwicklung ihrer Manege.

Das nehmen wir sogar in die Unterrichtsgestaltung mit. In den kompetenzorientierten Lehrplänen sind ja kaum noch Inhalte vorgegeben. Das gibt uns den Spielraum, wahrzunehmen, welche Schwerpunkte Schüler:innen setzen wollen. So entscheiden sie beispielsweise darüber, welcher Roman ihnen spannend genug erscheint, um ihn in ihrem Lesetagebuch zu bearbeiten. Oder sie beschäftigen sich in einem Mittelalterprojekt mit selbst ausgewählten mittelalterlichen Lebensrealitäten – etwa den Hexen oder den Klerikern –, um ihre Erkenntnisse dazu am Ende des Projekts wieder zusammenzuführen.

Wir arbeiten seit mehr als einem Jahrzehnt eng mit den Kindertagesstätten in unserer Nachbarschaft zusammen. Das Personal dieser Einrichtungen kann den Campus in vielfältigen Angeboten wahrnehmen. So gibt es für jede der umliegenden Kindertagesstätten eine:n feste:n Ansprechpartner:in in den Jahrgängen eins bis drei, der oder die mit der Kita vertrauensvoll zusammenarbeitet. Man besucht sich gegenseitig, der oder die jeweilige Lehrer:in nimmt an Elternabenden in der Kita teil, und die Kitakinder hospitieren vor dem Übergang zur Schule im Unterricht. So lernen sie die Schule kennen, und im besten Fall können wir Ängste ausräumen. Es ist dabei unser Ziel, Übergangsbrüche in den Bildungsbiografien der Kinder zu vermeiden. Und das gelingt, wenn wir die Akteur:innen aus verschiedenen Abschnitten des Lebensweges zusammenbringen.

Immer wieder ergeben sich auch Möglichkeiten, mit Initiativen, die ein besonderes Interesse haben, Gemeinsames zu schaffen. Es kann dabei um Kunst am Bau gehen wie bei unserem Star Walk oder auch um die Toilettenverschönerung gemeinsam mit der Jugendfreizeiteinrichtung.

Besonders intensiv ist die Zusammenarbeit mit der Musikschule. Als musikbetonte Schule in einem Bezirk, in dem viele Menschen aus sozial benachteiligten Verhältnissen kommen, können wir den stärker individualisierten Musikunterricht nur anbieten, weil Lehrer:innen aus der Musikschule zu uns kommen und unseren Schüler:innen kostenlos Instrumentalunterricht anbieten. Dieser unterscheidet sich deutlich vom normalen Musikunterricht, ist aber ebenfalls für alle Kinder verpflichtend. Die Schwierigkeiten, die daraus erwachsen, müssen immer wieder im Gespräch gelöst werden. Aber das schaffen wir. Ich kann zwar nicht berichten, dass wir ein Kind zur Bühnenreife geführt hätten. Viel Freude und Stolz aber habe ich in den Gesichtern der Kinder gesehen, wenn sie erlebten, wie sie mit ihrem Können einen Beitrag zu einem gelingenden Ganzen leisteten.

Mir ist bewusst: Das klingt hier alles ganz einfach. Tatsächlich handelt es sich um einen Prozess von vielen Jahren, in dem diese erfolgreichen Kooperationen entstanden sind, weiterentwickelt wurden und seitdem von allen Beteiligten gepflegt werden. Das Wichtigste in dieser dörflichen Zusammenarbeit und Arbeitsteilung sind die Dorffeste, auf denen wir gemeinsam Erreichtes feiern – die Campusfeste, Ausstellungseröffnungen und so weiter. Dies sind die Momente, in denen wir uns unsere Werte in Erinnerung rufen – ein gemeinsames Leitbild. Ebenso entscheidend ist aus meiner

Sicht der Stammtisch des Dorfes, an dem alles Wichtige beredet wird – unsere Gesprächsrunden.

Die wichtigste dieser Runden ist der AdA, der sich einmal im Monat trifft. AdA steht für den Arbeitskreis der Akteure. Er entstand auf Initiative von Klaus Lehnert, Sascha Wenzel und mir. Wir waren das Dreigestirn, das den Umbau zum Campus vorantreiben sollte. Klaus Lehnert war als pädagogischer Projektleiter eingesetzt, Sascha Wenzel agierte als Verantwortlicher des Stiftungsprogramms »Ein Quadratkilometer Bildung« der Freudenberg Stiftung, ich kümmerte mich um die Schulen. Dazu kam Ilse Wolter, die das Quartiersbüro als Teil der Stadtentwicklung leitete. Wir fanden, es brauche einen regelmäßigen Austausch. Es sind all jene eingeladen, die den Alltag der Kinder wesentlich beeinflussen. Die Runde ist freiwillig, aber die meisten Institutionen nahmen die Anfrage an.

Dabei geht es zunächst um einen Austausch. Wir sind neugierig zu erfahren, welche Projekte mit welchem Erfolg durchgeführt werden, und lassen uns inspirieren. Aus dem Portfolio der Grundstufe zum Beispiel ist ein Einlegeblatt zur Lerndokumentation in den Kindertagesstätten erwachsen, das seinen Platz in dem bereits vorhandenen Sprachlerntagebuch findet. Die Lernwerkstatt, die in der Grundstufe schon seit Langem wichtiger Teil des schulischen Lernens ist, führte uns zu der Idee der Stadtteilwerkstatt. Unsere Kleinsten aus den umliegenden Kindertagesstätten sollten davon profitieren. Bei alldem geht es uns um Übergänge und die Wiedererkennbarkeit unseres Tuns in den verschiedenen Institutionen und Lebensphasen unserer Kinder.

Als neuestes Projekt haben wir eine Fotoaktion »Unser Neukölln« realisiert. Unsere Schüler:innen von klein bis groß, die Besucher:innen der Manege und die Kinder der beiden Kindertagesstätten waren zusammen mit Pädagog:innen der verschiedenen Einrichtungen beteiligt. Die Bilder werden auf dem Campusplatz der Öffentlichkeit präsentiert. Was für eine tolle Gemeinschaftsleistung!

Unterstützung suchen wir auch, wenn es um Berufsbildung geht. Ein Beispiel dafür sind unsere Bemühungen, mit den Jugendlichen ab Jahrgangsstufe sieben gemeinsam herauszufinden, welchen Weg sie nach der Schule gehen wollen und was sie dafür brauchen. Einerseits haben wir selbst Werkstätten, die alle Schüler:innen in der Mittelstufe verpflichtend durchlaufen. Wir unterhalten sie aus unserem Schulbudget. Dort werben wir über praktische Arbeit für handwerkliche Berufe oder Tätigkeiten in sozialen Feldern, deren Image die Schüler:innen von der Berufswahl abhält. Andererseits arbeiten wir mit Institutionen außerhalb der Schule zusammen. Wir wollen, dass der Übergang zum nächsten Bildungsabschnitt gelingt. Das ist insbesondere für Jugendliche aus benachteiligten Verhältnissen entscheidend.

Vor allem Praktika sind dafür wichtig. Es gibt immer wieder Schüler:innen, die trotz schulischer Schwierigkeiten im Praktikum überzeugen können und in ein Ausbildungsverhältnis übernommen werden. Besonders ist mir Altay in Erinnerung geblieben. Wir hatten es zusammen manchmal nicht leicht. Sein schulischer Weg war steinig. Aber: Er hat eine Ausbildung als Mechatroniker gemacht, fühlt sich in seinem Beruf wohl und ist erfolgreich.

Manchen unserer Schüler:innen fehlen vielleicht Vorstellungen zu bestimmten Berufen, Vorbilder hinsichtlich eines strukturierten Tagesablaufs oder Mentoren für Bewerbungsunterlagen. All das möchten wir – mit der Unterstützung von Stakeholdern – anbieten. Zu unseren Partnern gehören beispielsweise das Berliner Netzwerk für Ausbildung, die Jugendberufsagentur und das migrationsspezifische Projekt »Berlin braucht dich!«. In einem Prozess, der sich über die vier Mittelstufenjahre erstreckt, bietet »Berlin braucht dich!« ein Matching an – Schüler:innen und Betriebe werden zusammengeführt. Der Bewerber:innenprozess wird auf diese Weise vereinfacht, sodass es gelingt, Schüler:innen in eine qualifizierte Ausbildung zu bringen. Alina zum Beispiel fand so ihren Traumberuf als Sozialassistentin. Und dabei muss es nicht bleiben. Ihre Ausbildung eröffnet ihr die Perspektive, Pädagogin zu werden. Etwas, das womöglich weder sie sich selbst noch jemand anders ihr zugetraut hätte.

Stakeholder existieren auch außerhalb der klassischen Bildungsverwaltung. Hinsichtlich der schon angesprochenen Berufsorientierung arbeiten wir zum Beispiel mit dem Projekt »Senkrechtstarter« zusammen. Hier bekommen – übrigens deutschlandweit – Erstakademiker:innen und angehende Studierende mit Einwanderungshintergrund wertvolle Unterstützung, um sich im Hochschulsystem zurechtzufinden. Der Arbeiter-Samariter-Bund bildet bei uns Schulsanitäter:innen aus. Das ist einerseits hilfreich im Schulalltag bei kleineren Verletzungen. Andererseits ermöglicht das Angebot auch, Anforderungen im medizinischen Bereich kennenzulernen. Mit der S.-Fischer-Stiftung gab es eine Zusammenarbeit zum Thema »LitCam – Fußball trifft Kultur«, bei der Fußballtraining und gezielte Sprachförderung verbunden wurden. Mithilfe des »Early Excellence«-Programms der Heinz-und-Heide-Dürr-Stiftung setzen wir uns schon im Kindergartenalter dafür ein, dass Kinder aus schwierigen sozioökonomischen Verhältnissen gleiche Bildungschancen erhalten.

Die finanziell umfangreichste Unterstützung erhielten wir von der Freudenberg Stiftung. Diese Metastiftung sucht für je einen Quadratkilometer Bildung einen Sponsor und bürgt für ihn. Bei uns war die Karl-Konrad-und-Ria-Groeben-Stiftung der Geldgeber der frei nutzbaren 1,5 Millionen Euro. Das Geld war für alle Bildungseinrichtungen auf diesem einen Quadratkilometer im Reuterkiez in Neukölln bestimmt und über zehn Jahre hinweg abrufbar. Ein so langfristiges Engagement ist ungewöhnlich, eröffnet aber Möglichkeiten zu experimentieren, zu etablieren, zu verstetigen. Ein Beispiel dafür ist die Lernreise, die wir als Dokumentation der Schüler:innenleistungen entwickelt haben. Sowohl die Entwicklung und grafische Gestaltung dieser Lernentwicklungsportfolios als auch die erste Produktion wurden so finanziert. Darüber hinaus konnten wir das Geld einsetzen, um über unsere Campusvision nachzudenken. Und zwar nicht in der Schule, sondern in der Natur, an einem gemeinsamen Wochenende des Kollegiums und auch mal im Kamingespräch. Bis heute ist die Zusammenarbeit mit der Freudenberg Stiftung gut und hat in der Pädagogischen Werkstatt in gewisser Weise eine Verstetigung gefunden. Auch wenn deren weitere Finanzierung leider noch unklar ist. Zwar erhalten wir keine globale Zusatzfinanzierung mehr wie bei »Ein Quadratkilometer Bildung«, aber wir können uns mit konkreten kleineren Anliegen immer noch dorthin wenden und hoffen.

Neben externen Unterstützer:innen gibt es eine Gruppe, die noch wichtiger ist: die Eltern. Ohne eine vertrauensvolle Elternarbeit kann Schule nicht gelingen. In einem Schulprojekt, dessen Gründung sich im Ursprung den angeblichen und tatsächlichen Problemen mit Schüler:innen verdankt, müssen Familien in den Blick kommen. Denn das ist die größte Sozialisationsinstanz neben der Schule. Schwierigkeiten mit und von Kindern und Jugendlichen können deshalb nur gemeinsam gelöst werden. Aus diesem Grund fördere ich Elternarbeit nachdrücklich. Das kann die Elterninitiative sein, die die Campusgestaltung begleiten, den Stadtteil mitentwickeln und Eltern vernetzen will. Das kann die Elternschule sein, die sich dem Prinzip »Eltern bilden Eltern« verschrieben hat und damit ermöglicht, dass Eltern Schule verstehen und uns in Gesprächen auf Augenhöhe begegnen können. Das kann das klassische Instrumentarium von Elternabenden, Gesprächsangeboten und individuellen Lernentwicklungsgesprächen sein. Alles ist von dem Verständnis getragen, dass Eltern unsere Erziehungspartner sind. Und zwar alle Eltern, ganz unabhängig von ihrem Werte- und Normensystem. Also auch solche, die Schwierigkeiten haben, mit mir als Frau zu sprechen. Oder jene, die Schule für Zeitverschwendung halten. Und sogar die, die ihre Entscheidungsmacht am liebsten in den Schulraum ausdehnen möchten. Ihnen allen – in manch anderen Gegenden wären es wohl Eltern mit Anwalt, bei mir sind es auch mal Eltern und Clanangehörige – muss ich deutlich machen, welche Entscheidungen ich aufgrund welcher Regeln treffe und welchen Erziehungs- und Kommunikationsstil ich verfolge. Das heißt aber nicht, dass ich sie nicht ernst nehme. Ich verstehe, dass sie das zentrale Anliegen aller Eltern haben: Sie wollen Gerechtigkeit für ihr Kind. Und es gilt auszuhandeln, was Gerechtigkeit ist und wie sie entstehen kann.

Eine besondere Form der Elternarbeit ist unser Elternfrühstück, zu dem ich – wenn meine Zeit es zulässt – selbst gern gehe. Bei diesem Elternfrühstück treffen sich etwa 15 bis 20 Eltern – vorwiegend Mütter – und diskutieren über ein von ihnen gewähltes Thema. Unsere interkulturelle Moderatorin Frau Sahilli bereitet das Frühstück vor und lädt passende Gesprächspartner:innen ein. Die Themen reichen von Pubertät bis zu sexueller Orientierung, von Schulabschlüssen bis gesunde Ernährung. Für mich ist das die Chance, Eltern kennenzulernen. Wenn wir uns später vielleicht einmal in einer Konfliktsituation begegnen, haben wir dadurch eine andere Ausgangsbasis.

Frau Sahilli, die die Elternarbeit wesentlich mitgestaltet, ist ein Beispiel dafür, welche Vorteile ein multiprofessionelles Team bietet. Sie kam ursprünglich über die Volkshochschule als Arabischlehrerin zu uns und fiel mir schon bald als besonders offen und dicht am Kind auf. Als die Idee aufkam, die interkulturelle Moderation bei uns längerfristig zu installieren, konnten wir dies dank des Bonus-Programms umsetzen. Und da dachte ich wieder an Frau Sahilli. Seitdem öffnen ihre warme Art und ihre Sprachkenntnisse in Arabisch und Türkisch viele Türen, und sie ist die gute Seele der Schule. Sie geht zwischen den Kulturen hin und her, macht also nicht nur sprachliche, sondern auch kulturelle Übersetzung und Vermittlung. Ihre Geschichte zeigt allerdings auch, wie schwierig die Schulentwicklung unter unklaren Finanzverhältnissen ist. Statt nämlich durch Budgethoheit Sicherheit zu haben, wurde Frau Sahilli erst durch das Programm »Soziale Stadt« finanziert, dann über das Bonus-Programm für Schulen mit mehr als 75 Prozent Schüler:innen, die von Transferleistungen leben. Frau Sahillis Stelle steht damit unter dem Vorbehalt, dass wir weiterhin Gelder aus dem Bonus-Programm erhalten. Und so bangen wir tatsächlich von Schuljahr zu Schuljahr, ob und wie lange uns das Geld noch zur Verfügung steht.

Auf solchen, oft lange Zeit tönernen Füßen stehen einige der Stellen, die in einem multiprofessionellen Team bedeutsam sind. Wenn ich davon rede, dann meine ich, dass bei uns Menschen verschiedener Profession in unterschiedlichen Konstellationen zusammenkommen, um bestimmte Themen und Probleme anzugehen: Lehrer:innen (teilweise mit Zusatzqualifikationen), Sozialpädagog:innen zur Förderung von Schüler:innen mit einem besonderen Förderbedarf, Pädagog:innen der Ganztagsbetreuung und der Jugendeinrichtung, Schulsozialarbeiter:innen, Vertreter:innen von Jugend-, Sozial- und Gesundheitsamt, die interkulturelle Moderatorin, externe Schulpsycholog:innen und die Schulleitung. Ein Beispiel dafür ist unsere monatliche Fallberatung, eine Form der Intervision, die von unserer Schulsozialarbeiterin moderiert wird. Ein anderes sind die regelmäßigen Treffen der Unterstützenden Pädagogik, wo die Bedarfe von Schüler:innen innerschulisch aus unterschiedlichen Perspektiven beleuchtet werden. Dort erarbeiten die Mitglieder zusammen mit den Klassenlehr:innen individuelle Stundenpläne, die den Schüler:innen mit besonderen Bedarfen helfen sollen, ihren Platz in der Gruppe zu finden. Sie verabreden für die Kinder oder Jugendlichen Einzelcoachings oder entwickeln ein Lernangebot, das besser an die individuelle Leistungsfähigkeit anknüpft.

Bedeutsam für das Dorf, in dem Kinder aufwachsen und erzogen werden, sind auch Stadtrauminitiativen. Für uns sind die Stadtteilmütter wichtige Multiplikatorinnen. Das Projekt wurde vom Diakonischen Werk Neukölln-Oberspree initiiert und ist heute über die Bezirksgrenzen hinaus verbreitet. Der Peer-to-Peer-Ansatz bedeutet, dass Mütter geschult werden, andere Familien beispielsweise in Erziehungsfragen oder zu Themen wie Kindergesundheit und Bildungsförderung zu beraten und zu unterstützen. Einerseits sind diese Mütter – erkennbar am roten Schal, ihrem Markenzeichen – direkt am Campus im Stadtteilzentrum aktiv, andererseits leisten sie auch aufsuchende Arbeit. Mit ihrem jeweiligen kulturellen Hintergrund vermitteln sie, dass in der eigenen Community neue Perspektiven entstehen.

Für das ganze Dorf gilt: Kooperation möchte gepflegt werden. Sonst stehen die Angebote unterschiedlicher Professionen nur nebeneinander. Wir wollen aber, dass sie sich verzahnen und unterschiedliche Perspektiven wirksam werden. Deshalb sehe ich meine Aufgabe darin, nur solche Kooperationen zu stiften, die durch leidenschaftliche Partner wirklich aktiv sind. Wenn das gewährleistet ist, dann stoße ich einen Dialog an. Der beruht auf unserem gemeinsamen Bildungsauftrag und setzt vereinbarte Ziele.

Ein bisschen Frieden

Was Schulfrieden genau ist, steht nirgends geschrieben. Klar ist: Er ist wichtig. Er meint ein bildungsförderliches Miteinander an der Schule. Ich assoziiere ihn mit Kontinuität, Klarheit und Übersichtlichkeit in der Bildungsarbeit. Nur dann kann Schule Wissen und Werte vermitteln, die solch eine friedliche Zusammenarbeit ermöglichen.

Wenn vom Schulfrieden die Rede ist, wird meist an die einzelne Schule gedacht. Daran ist nichts falsch: Am Campus Rütli brauchen wir ein Klima, in dem es möglich ist, vertrauensvoll zusammenzuwirken. Dafür sind wir auf alle am Schulleben Beteiligten angewiesen. Das sind eben nicht nur die Personen am Campus selbst, sondern auch all jene, die mit unserer Schule befasst sind.

Diese Beteiligten können und müssen unterschiedlich beitragen. Von der Politik – das ist im Kapitel »Brennpunkt Deutschland« schon angedeutet – braucht es den Willen zur Kontinuität. Ich möchte sogar so weit gehen zu sagen: Ob konservativ, liberal oder sozialdemokratisch – gute Schulleistungsdaten ergeben sich, wenn eine Linie kontinuierlich verfolgt wird. Es braucht Ruhe, damit gute Dinge sich entwickeln, erprobt und durchgesetzt werden können.

Außerdem müssen Bildungsvisionen entlang von Bildungsforschung entstehen – und nicht nach den wankelmütigen Ideen der Politik. So gelingt es, Schulpolitik aus dem Legislaturzyklus und damit aus der Atemlosigkeit zu holen. Wenn etwas gut Durchdachtes eingeführt wird, brauchen Schulen Zeit für die Implementierung und das Ausprobieren. Das betrifft bestimmte Unterrichtsinhalte, Vermittlungsmethoden, aber auch Organisationsformen. Wie wichtig Mengenlehre ist, ob Kinder analytisch oder synthetisch lesen lernen sollen und ob nun diese oder jene Schulart sinnvoll ist – darüber kann man verschiedener Ansicht sein. Wenn aber ein Weg eingeschlagen ist, dann hat er es verdient, erst einmal begangen zu werden.

Das ist kein Widerspruch zur dringend nötigen Innovativität in der Schule. Die kann genauso gut langfristig angelegt sein. Betrachtet man beispielsweise die Überlegungen ehemaliger Mitglieder der Kultusministerkonferenz von 2018, hat sich zwischenzeitlich mehrfach erwiesen, wie klug einige dieser Modernisierungsgedanken waren. Sie sagen: Schulfrieden auf der Bundesebene ergibt sich, wenn in Deutschland der Beginn und die Dauer von Schulpflicht, die Dauer der Bildungsgänge (G8/G9), die Übergänge in die jeweiligen Sekundarstufen, die Zulassungsbedingungen und zentrale Inhalte für das Abitur, die Inklusion, die Lehrer:innenausbildung, die Besoldungsstufen von Lehrkräften und die Bedarfsplanung an zukünftigen Lehrer:innen vereinheitlicht werden.

Darüber hinaus, auch das formulieren die Expert:innen, muss man auf der Basis der Bildungsforschung fragen, ob die in einzelnen Bundesländern schon vollzogene Entwicklung eines zweigliedrigen Schulsystems mit dem Gymnasium und einer integrativen Schulform wie dem Campus Rütli nicht ein Vorbild für alle sein kann. Womöglich muss diese Frage von oben beantwortet werden, der Gesellschaft ist hier nicht zu trauen. Der Volksentscheid in Hamburg 2010 zeigte nämlich vor allem eines: »Egoismus macht Schule« (*NDR*). Wenn es um ihr eigenes Kind geht, handeln bildungsnahe Eltern nach dem Motto: Gleich und Gleich gesellt sich gern. Dagegen braucht es eine offensive Werbung für das Gegenteil, wie wir sie auch am Campus Rütli machen. Die Bildungspolitiker, aber auch die Schulen vor Ort müssen erklären, warum eine Schule, die Schüler:innen nur als Wissensspeicher ausbildet, nicht genug ist. In der integrativen Schule geht es darum, alle Gesellschaftsschichten zusammenzubringen. Hier wird gezeigt, dass wir zwar aus mehr als 100 Nationen oder Kulturen stammen können, aber eine gemeinsame Zukunft haben. Hier ist Puffer für das Leben, das bei den meisten Schüler:innen und in vielen Familien mal »dazwischenkommt«. Und: Hier wird täglich das Miteinander geübt und nicht vom Gleichen, im Gleichen und für die Gleichen gelehrt und gelernt.

Mit diesen Maßnahmen fiele schon viel Störpotenzial weg. Gleichzeitig müssten die konkreten Wege der weiteren Friedenssicherung in die Hände der Schulen gelegt werden. Ich hatte in meinem Leben die Gelegenheit, mit Menschen auf unterschiedlichen Ebenen der Schulverwaltung zusammenzuarbeiten und selbst ein Teil dieser Verwaltung zu sein. Am unabhängigsten war ich stets als Schulleiterin. Dort konnte ich seriös und hart arbeiten. Dort hatte ich den Frieden vor Ort in der Hand.

Übrigens auch dann, wenn die Dinge im Wandel waren. Denn auch den kann ich gestalten, wenn ich die Grundwerte des Schulfriedens lebe. Systeme, die in Veränderung sind, brauchen viel Halt. Die Verunsicherung ist groß, wenn Neues kommt. In dieser Situation muss ich als Schulleiterin da sein. Wirklich vor Ort und ansprechbar.

Helfen würde mir dabei ein gemeinsamer Rahmen. Eine Freundin des anarchischen Geistes bin ich nur bedingt. Wenn dieser kompetent und konstruktiv gelebt wird, kann er fruchtbar für den Schulfrieden sein. Damit er eingehegt wird, sollte es einige allgemeine und wenige, aber durchdachte fachspezifische Kompetenzerwartungen geben, die überall gelten.

Diese Bedingungen müssen mit dem Bewusstsein gepaart sein, dass Bildungsbrüche stets vulnerable Punkte sind, an denen vieles schiefgehen kann. Langes gemeinsames Lernen im selben Umfeld bildet hingegen am besten ab, was Schüler:innen in der außerschulischen Realität wiederfinden. Das ist es, was Seneca meinte, als er Lucilius in einem Brief schrieb: »Nicht für die Schule, für das Leben lernen wir.«

Wenn ich über die Forderungen dieses Kapitels schaue, dann sehe ich viele, die ich nicht unmittelbar beeinflussen kann. Bei ihnen denke ich mir oft: »Des Ersten Tod, des Zweiten Not, des Dritten Brot.« Und ich weiß, dass ich eine Zweite bin, die den Dritten den Weg ebnet. Die Forderungen an die einzelne Schule aber, die setze ich mit all meiner Kraft jeden Tag um. Und lebe so meinen ganz eigenen Schulfrieden.

Takeaways – Die 20 Forderungen im Überblick

Kurz, prägnant und übersichtlich: Hier finden Sie die 20 Forderungen an die Bildungspolitik im Schnelldurchlauf.

1 Keine Failing Schools: Es braucht ein gutes Monitoring, um Failing Schools frühzeitig zu identifizieren. Das verhindert, dass Schülergenerationen verloren gehen. Schulen in Schieflage brauchen tatkräftige und ermutigende Unterstützung von außen.

2 Die Restschule hat ausgedient: Schüler:innen aus sozial schwachen Verhältnissen werden oft an Restschulen abgeschoben. Wo diese als schwierig und lernschwach angesehenen Kinder und Jugendlichen gebündelt werden, gibt es kein Korrektiv. Als Schule ohne sinnvolle Perspektive müssen solche Schulen am besten durch integrierende Gemeinschaftsschulen ersetzt werden.

3 Miteinander lernen heißt fürs Leben lernen: Längeres gemeinsames Lernen in einer Gemeinschaftsschule in einem lebendigen Sozialraum, dessen Bildungseinrichtungen ein Netz spannen, bereitet bestmöglich auf das Leben in einer pluralen Gesellschaft vor.

4 Inklusive Lebenserfahrung: Inklusion muss lebendiger Teil der Schulkultur sein, um den Bedürfnissen aller Kinder und Jugendlichen gerecht zu werden. Dabei bleibt der Staat in der Verpflichtung, gute Voraussetzungen zu schaffen.

5 Zwischen den Stühlen: Junge Menschen mit anderen kulturellen Herkünften müssen Gelegenheit haben, ihre familiäre Lebenswirklichkeit mit der der Mehrheitsgesellschaft in einen fruchtbaren Dialog zu bringen.

6 Glauben und Zweifeln: Eine erfolgreiche plurale Gesellschaft hält Diversität aus, wenn Menschen in den Austausch kommen und in ihm bleiben. Schule ist das beste Übungsfeld für Fragen zwischen Glauben und Zweifeln.

7 Yes we can: Es müssen schulische Wege beschritten werden, die die Stärken der Kinder in den Mittelpunkt rücken – weg vom Defizit.

8 Vom Lern- zum Lebensort: Schule muss ihr Angebot erweitern und den Sozialraum nutzen, um einen attraktiven Lebensort für Kinder und Jugendliche zu gestalten.

9 Hauptsache Nebensache: Schmutzige Schultoiletten sind nicht nur ein ständiges Ärgernis, sondern auch ein Symbol für all das, was an Schulen auch wichtig ist. Lösungen zu finden ist möglich – wie eine Initiative zum meist nicht ganz so stillen Örtchen in Schulen beweist.

10 Wer hat an der Uhr gedreht? Schule muss flexibler werden. Der in Deutschland übliche frühe Unterrichtsbeginn entspricht nicht den Bedürfnissen von Kindern und Jugendlichen.

11 Ideen ermöglichen, Innovation fördern: Innovations-
management braucht es nicht nur in der Wirtschaft.
Schule muss in Bewegung bleiben, um auf gesellschaftliche Herausforderungen Antworten zu finden.

12 Weniger Vorschriften, mehr Eigenverantwortung: Von
einer Behörde, die weit weg ist von der Realität der
einzelnen Schule, können keine passgenauen Antworten erwartet werden. Schule muss (mehr) entscheiden
dürfen.

13 Sprachrohr der Schulen: Der Umgang mit Medien ist
wesentlicher Teil funktionierender Demokratie und
muss gelernt werden – auch in Schulen. Darüber hinaus
verbreiten Medien gute Ideen und Lösungsmöglichkei-
ten und machen sie so nutzbar.

14 Über den Tellerrand: Ein Blick über den Tellerrand ist
lohnend. Schule muss von den Schulsystemen anderer
Länder lernen.

15 Menschen, keine Nummern: Der ehrliche Umgang mit
Statistiken muss Normalität werden, um die notwendigen Konsequenzen für die einzelne Schule, ihre Schü-
ler:innen, vor allem aber auch für den Bildungssektor
zu ziehen.

16 Buddys für Schulleiter:innen: Schulleiter:innen brauchen fest implementierte Unterstützung durch Supervision oder Buddysysteme.

17 Mit Hattie auf dem Campus: Die neuesten Erkenntnisse der Bildungsforschung müssen in das schulische Handeln Eingang finden.

18 Neue Lehrer:innen braucht das Land: Um dem aktuellen Lehrermangel zu begegnen, müssen in naher Zukunft tragbare Konzepte entwickelt werden. Langfristig muss die Lehrerbedarfsprognose verbessert und das gesellschaftliche Ansehen von Lehrer:innen gestärkt werden.

19 Ein Dorf, um ein Kind zu erziehen: Es braucht viele ineinandergreifende Institutionen, um Kindern und Jugendlichen ein umfassendes Bildungsangebot zu machen.

20 Ein bisschen Frieden: Unsere Kinder sind zu wichtig, um sie der Atemlosigkeit von konkurrierenden politischen Entscheidungen auszusetzen. Schulfrieden muss mehr als eine Worthülse sein.

Bildung – die wichtigste Waffe. Ein sehr persönliches Fazit

Von Dahlem nach Neukölln

Für Nichtberliner braucht es zunächst eine Standortbestimmung. Meine Berufsbiografie spielt sich im Wesentlichen zwischen zwei Berliner Sozialräumen ab: Dahlem im Bezirk Zehlendorf-Steglitz und dem Reuterkiez im Bezirk Neukölln. Ein Blick in den Berliner Gesundheits- und Sozialstrukturatlas zeigt: Während ich zuerst an einem Ort unterrichtet habe, der auf Platz 19 von 428 liegt, schafft es der Reuterkiez gerade mal auf Platz 328.

Das heißt nicht, dass es in Dahlem keine Probleme gibt. Vereinzelt gab es auch dort bedrückende Schicksale. Genauso wie es in Neukölln Erfolgsgeschichten einzelner Schüler:innen gibt. Das Schulsystem setzt an beiden Orten einen ähnlichen Rahmen. Und doch sind mein Berufsleben in Dahlem und in Neukölln kaum zu vergleichen.

Aber von vorn: Ich bin 1958 geboren, und als ich meine Schullaufbahn beendete, war ich – wie viele andere junge Menschen – unsicher, welcher Beruf der passende für mich wäre. Klar war nur, dass ich Gutes bewirken wollte. Das schien mir am besten möglich als Lehrerin. Und so entschied ich mich für das Grund- und Realschullehramt. Das mutet heute ungewöhnlich an, war damals aber eine typische Kombination, um mit zwei Wahlfächern tätig zu werden. Bei mir waren das Englisch und Evangelische Theologie. Als ich 1985 mit meinem Zweiten Staatsexamen fertig war, gab es nirgendwo Lehrerstellen. Zu meinem Glück wollte mich die

Königin-Luise-Stiftung in ihrem Schulkomplex in freier Trägerschaft beschäftigen. Am Anfang war das nur eine kleine Aushilfsstelle mit zehn Wochenstunden, aber schon nach einem halben Jahr wurde eine Klassenleiterstelle frei. Vier, fünf Jahre habe ich dann in allen Schulformen dort unterrichtet: in der Grundschule, der Realschule und am Gymnasium.

Dort begegnete ich mit der damaligen Schulleiterin einer Frau, die mich entscheidend geprägt hat. Sie stand den 25 Grundschul- und Realschulkolleg:innen mit all ihrer Lebenserfahrung – auch durch vier eigene, damals bereits erwachsene Kinder – zur Seite. Als ich nach meinen ersten selbstständig erteilten Unterrichtsstunden nach dem Referendariat zu ihr kam, meinte ich sehr ehrlich: »Stellen Sie vielleicht jemanden ein, der richtig geeignet ist? Ob ich vor der Tür stehe oder im Klassenzimmer, macht keinen Unterschied.« Ich war kein Naturtalent in der Klasse, aber gewillt, mich und mein Handeln infrage zu stellen und offen zu sein. Bei ihr traf ich auf jemanden, die das schätzte. Und so entließ sie mich nicht, sondern nahm meinen Hilferuf als Auftakt zu vielen Gesprächen darüber, wie ich als Lehrerin sein könnte.

1990 hatte ich diese innere Mitte gefunden. Nicht nur wurde mein Sohn geboren, sodass ich zusätzlich eine neue Rolle als Mutter innehatte. Ich wurde auch stellvertretende Schulleiterin in Dahlem. Auch wenn Berlin-Dahlem nach einem behüteten, privilegierten Schulort klingt – schon hier zeichnete sich ein Stück von dem ab, was ich als meine Lebensaufgabe bezeichnen würde. Die Königin-Luise-Stiftung war mit ihrem Internat zugleich eine Jugendhilfeeinrichtung. Hier ging es also nicht nur um die, die mit besten Bedingungen ins Leben starteten, sondern auch um die Integration derer, die mir oft etwas verloren erschienen. Zu diesen Schüler:innen hatte und habe ich einen besonders guten Draht.

Besonders gut erinnere ich mich an Bianca, eine Schülerin, deren Mutter alkoholkrank war. Bianca war motorisch sehr auffällig und ständig in Aktion – laut, frech, unangepasst. Kein Wunder, denn zu Hause herrschte ständig Druck. Ich hatte den Eindruck, dass sie permanent in Habachtstellung lebte: Würde die nächste Entziehungskur der Mutter gelingen? Was würde aus ihr werden? Gäbe es Raum für ihre Bedürfnisse? Ich konnte diese Fragen zwar nicht beantworten, ihr dafür aber in meiner eng geführten Klasse einen Rahmen geben, der verlässlich war. Kein Wunder, dass sie irgendwann zu mir sagte: »Bei Ihnen kann ich mich richtig entspannen.« Das war ein sehr großes Lob.

Vor allem die Mischung machte es. Letztlich war meine Arbeit in Dahlem das erste Feld, wo sich in einer heterogenen Klasse zeigte, was es bedeutet, glaubwürdig, sichtbar und konfliktstark zu sein.

Gerade Konfliktstärke fehlt vielen Kolleg:innen. Nicht nur in Dahlem. Sie wollen möglichst gut mit den Kindern und Jugendlichen sein. Was passiert also mit denen, die sich – vielleicht renitent – gegen die Gepflogenheiten eines konstruktiven Miteinanders wehren? Über ihre demonstrative Abwehrhaltung heißt es schnell: »Mit dem kann man ja überhaupt nicht arbeiten, der muss die Schule verlassen.« Oder, vielleicht noch schlimmer, es herrscht demonstratives Desinteresse: »Das geht schon irgendwie.« Und so ist das Problem, scheinbar, rasch gelöst. Schuld wurde verteilt und der/die Betreffende aus der sich wohlverhaltenden Gruppe ausgegliedert, abgestempelt.

Auch hier fällt mir ein Beispiel ein: Tobias, ein junger Mann, der seine Eltern verloren hatte und sich mit allem, was er verbal aufbieten konnte, gegen den Unterricht wehrte. Nach einigen Kämpfen konnte ich ihn von mir überzeugen. Nun war er in der Lage, im Unterricht zu zeigen, dass er ein schlauer Kopf war. Allerdings hörte er nicht auf, die Fachkolleg:innen infrage zu stellen. Ich nahm ihn beiseite und meinte zu ihm: »Tobias, du kannst ganz viel, zeigst es aber nicht bei meinen Kolleg:innen. Ich weiß, dass es meine Kolleg:innen auch gut mit dir meinen und nett zu dir sind. Mit deinen ständigen Unterrichtsstörungen bringst du dich und mich in Schwierigkeiten.« Seine lapidare Antwort lautete: »Nett? Nee, die sind einfach nur bequem.« Das war zwar frech, aber auch ungeheuer lebensklug. Er hatte identifiziert, dass kein Interesse an ihm bestand. Besser wäre es gewesen, in den Konflikt mit ihm zu gehen und zu signalisieren: Das, was du hier tust, ist inakzeptabel. Aber ich will mit dir ins Gespräch kommen. Warum verhältst du dich so, wie du es tust? Was brauchst du, um anders zu sein?

Genau dafür war ich Lehrerin geworden. Englisch hin, evangelischer Religionsunterricht her – worum es in der Schule wirklich geht, ist, einander zu sehen und miteinander auszuhandeln, wer wir und wie wir als Gemeinschaft und Gesellschaft sein wollen. Das ist ein Feld, zu dem ein bestimmter Wissenskanon gehört, und zugleich eines, das Gesellschaft im Kleinen spiegelt.

Glücklicherweise bedeutete stellvertretende Schulleiterin zu werden damals nicht, den Kontakt zu meinen Schüler:innen zu verlieren. Mit nur drei Ermäßigungsstunden war ich nach wie vor Klassenleiterin und eng an den Schüler:innen.

Elf Jahre lang war ich sehr glücklich mit dem, was ich dort zusammen mit anderen Kolleg:innen bewirken konnte.

2001 war es Zeit, zu neuen Horizonten aufzubrechen. Nach und nach war in mir die Überzeugung gereift, dass ich besonders gut im Umgang mit benachteiligten Kindern war. Ihnen eine Begleiterin und oft auch Weichenstellerin zu sein erfüllte mich. Also überlegte ich mir, dass es in Berlin Orte gab, wo es mehr von diesen benachteiligten Kindern und Jugendlichen gab – und nahm eine Stelle an der Heinrich-Heine-Realschule im nördlichen Neukölln an.

Zu meiner Entscheidung trug bei, dass mich einige Eltern, die wenig Interesse an ihrem Kind zu haben schienen, aber große Anforderungen an es richteten, auch herausgefordert haben. Sie begegneten den Lehrer:innen oftmals mit einem deutlichen Dünkel, wissend, dass ihre sozioökonomische Stellung ihnen ermöglichte, sich auf dem Rechtsweg durchzusetzen. Ich fühlte mich oft erpresst. Meine Bildungsexpertise galt in Dahlem oft nicht viel. Das kratzte an meinem Verständnis von Ehrlichkeit und Aufrichtigkeit. Und es hatte mich müde gemacht – meine Schulwelt wurde mir zu eng. Schulleiterin hätte ich womöglich irgendwann werden können, aber Optionen wie ein Auslandsaufenthalt oder Ähnliches fielen weg. Immer öfter kam der Gedanke: Soll das schon alles gewesen sein?

Ich kannte die Schule, ich kannte die Abläufe, alles wirkte so vorgezeichnet. Da dachte ich mir: Ab aufs Eis. Das mochte zwar unsicherer sein, aber ich wollte nicht einfach warten. Außerdem war ich nicht sicher, ob irgendjemand auf meine Ambitionen aufmerksam werden würde. Aus meiner Erfahrung ist das System Schule keines, das zwangsläufig die Mutigsten, Innovativsten und Fähigsten befördert.

Aus Neukölln bekam ich das Angebot, stellvertretende Schulleiterin zu werden. Die wurden händeringend gesucht. Das wollte ich aber nicht. Ich ließ das System System sein und entschied mich, einfach zurück ins Glied zu gehen. Als ich nach Neukölln wechselte, tat ich das als Lehrerin ohne besonderes Amt. Schließlich wollte ich mir erst mal ein Bild machen. Wie waren in Neukölln die Schüler:innen? Wie würde meine Aufgabe dort sein? Was erwartete mich? Ich wollte in Klassen sein, Fortbildungen besuchen, mir ein Bild von der Lage machen. Und zwar bevor ich ein Leitungsamt übernehmen würde.

Mit den Schüler:innen fühlte ich mich wohl. Es war eine komplett andere Situation als in Dahlem. Weder Schüler:innen noch Eltern waren besonders mittelstandsorientiert. Schule machen bedeutete in Neukölln zwar auch, bestimmte Fächer zu unterrichten. Noch viel mehr meinte es aber, gesellschaftlich integrativ zu sein. Oft ging es um den Umgang miteinander, um einen Knigge (auch wenn ich das nie so benannte), um gesellschaftlichen Erfolg.

Die Nachbarschaft mit der Rütli-Schule wirkte dabei fast surreal. Als ich 2001 nach Neukölln kam, teilte sich die Heinrich-Heine-Realschule mit der Rütli-Schule zwar ein u-förmiges Gebäude, aber es zog sich eine unsichtbare Mauer mitten durch den Bau. Ich hatte die Schulleiterin nur einmal gesehen, die Kollegien nahmen einander überhaupt nicht wahr, die Pausenzeiten waren versetzt. Niemand kannte irgendjemanden. Ich schob das Thema Kontaktsuche erst mal nach hinten, denn ich war ja einfache Lehrerin, musste mich selbst im neuen Umfeld zurechtfinden und dachte: Das wird schon noch.

Gleichzeitig war die Heinrich-Heine-Schule eine Bildungseinrichtung, die vom Führungsstil konservativ agierte. Der

Stil – im Kollegium und auch gegenüber den Schüler:innen – war sehr klar. Als abschulende Schulform gab es die Möglichkeit, Problemfälle an die Hauptschule zu delegieren. Und so wurden Schüler:innen, die sich auf die pädagogischen Bemühungen nicht einließen und als Störfaktor wahrgenommen wurden, häufig weitergereicht. Das entsprach nicht meinem Verständnis von Dialog. Ich würde meine Haltung als autoritativ bezeichnen. Ich finde ein Regularium wichtig, aber ich möchte es kommunikativ aushandeln. Wenn ich an der Schule bleiben wollte, musste ich in eine Position kommen, wo ich diese Haltung leben und stilbildend machen konnte. Und dafür brauchte es Zeit. Schulentwicklung hat viel damit zu tun, Veränderungen Raum zu geben. Das bedeutet oft auch, Geduld zu haben. Man muss Strecke machen, um Spuren zu hinterlassen – sonst ist man nur ein Durchlauferhitzer.

Nach einigen Jahren fühlte ich mich reif für den nächsten Schritt. Ich brachte allerdings nicht die idealen Voraussetzungen mit. Als Bewerberin, die erst seit Kurzem im öffentlichen Dienst war und zuvor nur an einer Schule in freier Trägerschaft Erfahrungen als stellvertretende Schulleiterin gesammelt hatte, war ich im staatlichen Schulsystem ein fast unbeschriebenes Blatt. Dass ich mich jahrelang in unterschiedlichen Funktionen bewährt hatte, war kein Bewerber:innenvorteil. Im Pool derer, die schon länger auf eine Schulleiter:innenstelle warteten, befand ich mich logischerweise auch nicht. Aber: Ich wollte an eine Schule in einem Stadtbezirk, um die sich die Mitbewerber:innen nicht gerade rissen. Trotzdem gestaltete sich der Prozess schwierig. Als der Schulleiter aus Altersgründen die Schule verließ, bekundete ich Interesse an der Schulleitung.

Viele waren froh, dass jemand Verantwortung überneh-men wollte. Außer mir gab es nur einen Kandidaten, der von einer Schule aus dem Ostteil der Stadt kam. Dort wurden da-mals aufgrund geringer Schülerzahlen reihenweise Schulen geschlossen, und deren Schulleitungen mussten anderwei-tig unterkommen. Das heißt, gesucht wurde nicht nach dem oder der Besten für die konkrete Schule, sondern maßgeblich war, welche Personalentscheidungen laufbahnrechtlich die wenigsten Verwerfungen verursachten. Logischerweise stand ich wieder nicht auf Platz eins.

Während des Verfahrens führte ich die Schule interimswei-se. Und krempelte die Ärmel hoch, um sie nach meinen Vor-stellungen mitzugestalten. In dieser Schule mit kleinem Kolle-gium sah ich schnell erste Erfolge. Zuerst verlängerte ich den Gesprächszeitraum, indem ich vor Ort war. Meine Arbeits-zeit an der Schule endete eben nicht kurz nach dem Ende des Unterrichts, sondern ich war auch am Nachmittag verfügbar. Dann implementierte ich eine erweiterte Schulleitung. Weder musste noch sollte Schulleitung allein in meiner Hand liegen. Sondern viele sollten mittragen und mitgestalten. Ganz nach den Maßgaben der Klippert-Studie, die pädagogische Schul-entwicklung gefordert hatte. Das überzeugte viele, aber bei Weitem nicht alle. Gerade ältere Kolleg:innen beäugten mich misstrauisch. Nicht nur bereiteten ihnen die Veränderungen Sorge. Dass ich mich einmischte, zu verstehen versuchte und hinterfragte, wich entscheidend von dem ab, was sie bisher kennengelernt hatten.

Ich musste mir das Vertrauen erwerben. Die offene Tür war dafür der zentrale Dreh- und Angelpunkt. Denn aus der rief ich nicht nur heraus, sondern in die konnten alle hineintreten und Zweifel oder Kritik äußern. Aber ich überlegte mir natürlich gut, an welchen Fronten ich kämpfen wollte und wo ich Erfolgschancen sah. Trotzdem sollten die Kolleg:innen immer das Gefühl haben, dass ich ihre Arbeit und sie als Mensch wertschätzte und gemeinsam mit ihnen gesichtswahrend über Neues nachdachte.

Als Schulleiterin war ich zum ersten Mal auch in der Situation, Vorgaben durchzusetzen, mit denen ich persönlich nicht einverstanden war. Da half nur Transparenz. Ich konnte nichts ändern, aber deutlich machen, was ich persönlich davon hielt. Ich bot an, meine Stimme zu erheben – bei der übergeordneten Behörde, bei Lehrerverbänden oder anderen Institutionen. Und meinen Spielraum zu nutzen. War ich aber mit bestimmten Vorgaben einverstanden, wollte ich Haltung zeigen. Alle sollten wissen, warum ich etwas unterstützte. Und zwar nicht kraft meines Amtes, sondern durch Überzeugung.

Und Rütli? Noch immer lebten die beiden Schulen nebeneinanderher. Doch es gehörte zu meinen ersten Amtshandlungen, es nicht dabei zu belassen. Ich klopfte also bei der dortigen Schulleitung an die Tür. Aber was heißt Schulleitung? Die eigentliche Schulleiterin war langzeiterkrankt, eine Stellvertretung gab es nicht, eine Kollegin war kommissarisch eingesetzt, um irgendeine Art von Führung zu gewährleisten. Das Erste, was ich spürte, war Misstrauen. Wer ist die? Was will die hier?

Und dann kam der Brandbrief. Mit ihm die ersten Übertragungswagen der Medien. Ich kippte fast aus den Socken.

Da stand ich nun im März 2006. Ich war nur eine einfache Lehrerin. Interimsweise leitete ich zwar die Heinrich-Heine-

Realschule, aber es war klar, Schulleiter würde schon bald jemand anderes sein. Das war mir aber egal. Ich wollte verstehen. Und mitbekommen, was die Schulverwaltung tun würde.

Also ging ich rüber. Auf der Suche nach den Verantwortlichen, um eine Haltung zu hören. Ich war nicht eingeladen, aber sie warfen mich auch nicht raus. Und schon bald luden sie mich zu jeder Besprechung ein. Vom ersten Moment an war mir klar: Nichts wird bleiben, wie es ist. Das gibt einen Riesenschlag.

Ebenso wie ich dies intuitiv wusste, war auch den Herren Schimmang, Böger und Buschkowsky von der Stadt klar, dass hier etwas passieren musste. Und ich wollte, dass das mit mir passierte. Denn ich hatte für die Kinder und Jugendlichen im Schulgebäude an der Rütlistraße Ideen, Perspektiven und Visionen. Dazu passt ein für mich handlungsleitendes Zitat, das wohl fälschlicherweise Mahatma Gandhi zugesprochen wird, das aber zu schön ist, um darauf zu verzichten: »Sei du selbst die Veränderung, die du dir wünschst für diese Welt.«

Ein Projekt ohne Blaupause

Mögen Sie Heinz Rudolf Kunze? Ich schon, in seinen Songs gibt es viele Weisheiten, bei denen ich innerlich mit dem Kopf nicke. Eines der besten Lieder ist »Meine eigenen Wege«. Wenn ich an Schule denke, dann klingt in mir vor allem eine Zeile nach: »Eigene Wege sind schwer zu beschreiben, sie entstehen ja erst beim Gehn.«

Das mit dem Beschreiben ist eine Herausforderung, der ich mich mit diesem Buch gestellt habe. Dass eigene Wege beim Gehen entstehen, kann ich nach über 39 Jahren im Schuldienst absolut bestätigen.

Wenn ich mich umschaue, dann sehe ich viele Menschen, die eigene Pfade scheuen. Klar, das Gehen auf unausgetretenen Wegen ist viel anstrengender als auf gepflegten. Aber es sind dann eben keine eigenen Wege.

Ich aber liebe – und das ist meine Motivation für die Leitung von CR² – unbekanntes Terrain. Projekte ohne Blaupause sind mir die liebsten. Das heißt nicht, dass ich Vorbilder ablehne, Weiterbildung ignoriere oder Austausch meide. Ganz im Gegenteil: All diese Aspekte tragen dazu bei, dass ich für meinen ganz eigenen Weg inspiriert werde und sich meine Ideen formen können.

Und dazu hatte ich ab 2009 reichlich Gelegenheit. Ohne dass die Idee der eigenverantwortlichen Schule schon breit diskutiert wurde, war das Projekt Rütli von Anfang an genau das: eigenverantwortlich. Das konnte die Politik gar nicht in Gänze begleiten. Es wäre eine Überforderung gewesen. Politik konnte in diesem Fall etwas anderes tun: beweisen, dass sie vertrauen kann – und sehen, was aus diesem Vertrauen wird. Ich behaupte: Es hat sich ausgezahlt. Für die Politik, die Verwaltung und nicht zuletzt für alle vor Ort. Mich eingeschlossen. Es hat sogar noch mehr geschafft: Ohne Blaupause zu sein hat Räume eröffnet, die wir zuvor nicht erträumt haben.

Mein Handeln ohne Blaupause begann, als ich Rütli von außen kennenlernte als einen Ort, in dem es keinen willkommenen Platz für Schüler:innen, für Lehrer:innen oder für Schulkultur gab. Nicht einmal ein Jahreskreislauf bot Orientierung. Das fand ich persönlich bestürzend und auch spannend. Vor diesem Hintergrund fing mein Geist an zu arbeiten.

Ich hatte eine Idee, wie ich die drei Kollegien der Schulen, die zur Gemeinschaftsschule werden sollten, zusammenführen wollte. Es war mir auch klar, was wir dafür im laufenden Betrieb brauchten. Und ich war sicher: Hier galt es, trotz aller Herausforderungen mehr Freude als Angst angesichts der umwälzenden Neuerungen zu verbreiten. Damit das gelingen konnte, definierte ich unsere eigenen Wege. Weil sie so herausfordernd waren, deklarierte ich sie als Experimentierlernen. Schließlich können Experimente scheitern. Im Gegensatz zu einem Projekt, das auf Erfolg angelegt war, etablierte ich eine Kultur des Denkens out of the box. Was mit dem Vorsatz »Wir machen es anders« und einer guten Begründung daherkam, dem gaben wir eine Chance.

Als beispielsweise in Berlin 2007 dazu aufgerufen wurde, sich für das Pilotprojekt Gemeinschaftsschule ohne äußere Leistungsdifferenzierung in den Jahrgängen eins bis zehn zu bewerben, waren die drei Schulen des späteren Campus dabei. Die Idee entsprach meinen Präferenzen und pädagogischen Überzeugungen für die Zukunft der Heinrich-Heine-Realschule. Und es war Geld da, das einige Neuerungen ermöglichte. Womit ich allerdings nicht gerechnet hatte: Ich traf auf Widerstände – bei meinen Schüler:innen, ihren Eltern, vielen Lehrkräften. Gerade jene, die mit der Heinrich-Heine-Schule verbunden waren, empfanden mein Ansinnen als Herabstufung. Sie sahen an der Rütli-Schule nichts, was sie erstrebenswert fanden.

Doch ich war nicht gewillt, gleich aufzugeben. Ich rang mit allen Beteiligten in einem Identifikationsprozess – und konnte die Mehrheit überzeugen.

Als 2011 die Berliner Schulstrukturreform und damit die Abschaffung von Haupt- und Realschulen verkündet wurde, saßen wir schon gut im Sattel. Abseits der politischen Idee,

nun Gemeinschaftsschulen neben Integrierten Sekundarschulen und Gymnasien bestehen zu lassen, hatten wir am
Campus die Vorstellung einer Schullaufbahn ganz ohne Brüche entwickelt. Als ich mit dieser Vorstellung bei dem zuständigen Abteilungsleiter der Senatsverwaltung auftauchte und
eine gymnasiale Oberstufe für Rütli forderte, löste ich einen
Schrei der Entrüstung aus. Das Thema lag mit den bestands-
geschützten Integrierten Sekundarschulen inklusive Oberstufe allerdings schon auf dem Tisch. Ich erinnerte ihn auch
daran, dass Rütli mit dem Ziel entstanden war, jeden Schüler,
jede Schülerin nach seiner oder ihrer Begabung zu fördern.
Nichts davon konnte die Entrüstung mildern. Aber: Meine
Forderung wurde gehört und erfüllt. Auch wenn mir gesagt
wurde, mein Handeln sei der Sündenfall schlechthin und so-
bald ich aus dem Büro ginge, seien alle Folgen dieser unsäg-
lichen Entscheidung mein Problem. Das Problem löste sich
noch 2011 in der ersten Jahrgangsstufe elf auf, und seitdem
können unsere Schüler:innen auch am Campus das Abitur erwerben. Viele tun es. Und sie tun es genau hier.

Die Schüler:innen könnten, da sie nicht mehr schulpflichtig
und somit keinem Sprengel verpflichtet sind, dieses genauso
gut an einem Oberstufenzentrum machen. Aber das wählen
sie nicht. Unter 3000 Schüler:innen fühlen sie sich verloren.
Am Campus aber, wo jede:r Lehrer:in sie mit Namen kennt
und wo ich mich gern mal persönlich erkundige, wie Ahmeds
Berufspläne sind oder ob Amina schon die Studienberatung
besucht hat, wissen sie, dass es um sie geht.

Ohne Blaupause war auch meine Idee, die Integration der
Lehrkräfte aus der ehemaligen Heinrich-Heine-Realschule
und der früheren Rütli-Hauptschule durch ein zweiköpfiges

Klassenleiter:innenteam voranzutreiben. Dazu organisierten wir die Schüler:innen zunächst in Jahrgangsstufen. Leistungsdaten waren für ihre Zuordnung ab sofort egal. Dann bat ich die Lehrer:innen jeder Jahrgangsstufe, sich in ihren neuen Jahrgangsstufen-Lehrerzimmern bekannt zu machen und Zweierteams zu bilden. Einzige Voraussetzung: Sie mussten aus ursprünglich verschiedenen Schulen stammen und sich beide verantwortlich fühlen, an einem Strang ziehen und ansprechbar sein. Natürlich wären viele am liebsten mit lang vertrauten Kolleg:innen zusammengeblieben. Aber unsere Schüler:innen brauchen Lehrkräfte mit unterschiedlichen Perspektiven – fachlich, pädagogisch, sozial.

Zugleich bot ich meinem Kollegium die Chance, eigene Fächergrenzen zu überschreiten. Am Campus kann ein ausgebildeter Deutschlehrer auch gern bis Klasse zehn Mathematik unterrichten. Mit einer Lehrerin, die Deutsch und Geschichte studiert hat, aber keinesfalls Sozialkunde oder Ethik unterrichten möchte, komme ich eher nicht ins Geschäft. Durch diese Ausweitung der Fächer gelingt es oft, Lehrer:innen in nur einer oder wenigen Jahrgangsstufen einzusetzen und dort mehr Stunden zu halten. Denn Beziehung braucht Zeit. Jemand, der nur zwei Stunden pro Woche in der Klasse steht, der kommt gar nicht zum Stoff vor lauter Beziehungsarbeit. Die fachliche Qualität stellen wir her, indem jedem Team ein:e Lehrer:in mit der entsprechenden fachwissenschaftlichen Ausbildung zur Seite steht.

Damit die Erkenntnisse aus dieser Beziehungsarbeit fruchtbar werden konnten, habe ich – ohne Blaupause – versuchsweise die Jahrgangssitzung am Montag in der siebten Stunde eingeführt. Sie ist nicht im Gesetz vorgeschrieben. Sie wird nicht bezahlt. Doch sie ist für die Lehrer:innen am Campus verpflichtend. Als ich die Kolleg:innen erstmals aufforderte, sich in diesen 45 Minuten über ihre Erfahrungen auszutauschen – über das neueste gewalttätige Handyspiel, das in ihrem Jahrgang gehypt wurde, über den schlechten Schnitt im letzten Mathetest, über Frau Heckmanns merkwürdige Ideen –, versprach ich ein halbes Jahr Testlauf für dieses klassische Intervisionsangebot. Ich bat: »Geben Sie uns diese Zeit, um herauszufinden, ob die Jahrgangssitzung uns allen etwas gibt.« Der Termin wurde nie wieder infrage gestellt.

Schließlich war auch ich in meiner Funktion als Campusleiterin ohne Blaupause. Nie zuvor gab es einen Kooperationsvertrag zwischen einer Kultusbehörde und einem Schulträger, der hehre Verwaltungsgrenzen anfasste, indem er Befugnisse neu sortierte. Warum hat man sich damals zu diesem Schritt entschlossen? Die Politik kam angesichts der drängenden Probleme an der Rütli-Schule zu der Überzeugung, dass man den Menschen auf dem Campus mit ihren Bedürfnissen besser gerecht werden konnte, wenn es weniger Einzelzuständigkeiten gab.

Ohne Blaupause war ich auch als Frau in der Campusleitung. Bis heute sind Frauen in der Schulleitung noch immer unterrepräsentiert. Während deutlich über die Hälfte aller Lehrkräfte Frauen sind, dünnt sich ihr Anteil in den Schulleitungen weiterführender Schulen aus. Als ich 2009 die Schulleitung übernahm, waren es noch weniger als heute. Das lag auch an eigenwilligen Überzeugungen selbstberufener Experten. So saß ich einmal bei einem Get-together im Anschluss an eine Veranstaltung der Robert-Bosch-Stiftung neben einem Beamten der Bildungsverwaltung, der rundheraus erklärte, an Brennpunktschulen könnten, ja dürften nur Männer als Schulleiter berufen werden. Frauen wären nicht in der Lage, die dortigen Herausforderungen zu meistern. Ich vermute, dass viele am Tisch seinen Ausführungen gelauscht haben, sie blieben aber von den überwiegend männlichen Teilnehmern unkommentiert. Als ich ihn antippte und mich als Leiterin des Campus Rütli vorstellte, fiel ihm nichts mehr ein. Wo die Argumente fehlen, bleibt nur Ignoranz.

So könnte ich noch von unzähligen Situationen ohne Blaupause erzählen. Doch entscheidend ist etwas anderes: Ohne Blaupause und damit frei zu sein ist eine spannende und erfüllende Sache. Zur Blaupause zu werden und dadurch die Lücken im System mitsamt möglicher Lösungen aufzuzeigen ist es ebenfalls.

Erfolg hat drei Buchstaben: T U N

Ich bin die einzige Schulleiterin Berlins, die gänzlich vom Unterricht freigestellt ist. Das könnte ich bedauern, tue ich aber nicht. Ich würde meinen Schüler:innen nicht gerecht, wenn ich nur mit halbem Kopf bei ihnen und ihren berechtigten konkreten Anliegen wäre. Und genauso wenig würde ich den Erwartungen gerecht, die sich mit der Schul- und Campusleitung verbinden.

Denn richtig ist: Trotz aller positiven Berichterstattung über das »Wunder von Rütli« ist am Campus bei Weitem nicht alles gut. Weder im Grundsatz noch vorübergehend. Wenn wir einen Erfolg feiern, sind wir gedanklich schon bei den nächsten Herausforderungen. Das ist nicht Sisyphosarbeit im ursprünglichen Sinn, es ist keine ertrag- und sinnlose Plackerei. Im Gegenteil: Der Stein, den ich täglich bergauf rolle, stößt mich nicht ins Tal, wo ich verdammt bin, von Neuem zu beginnen, wissend, dass ich nicht erfolgreich sein werde. Nein, mein Sisyphosstein ist sinnstiftend. Ja, er signalisiert immerwährende Arbeit, aber eben eine, die schon allein durch das Handeln Sinn stiftet. Ich lege eben nicht die Hände in den Schoß, sondern habe Freude daran, mich und andere zu ermutigen. Gemeinsam haben wir den Campus Rütli von dem Schlachtfeld von 2006 in ein Modell verwandelt, das ein Signal des Aufbruchs sendet.

Doch dieses Signal muss in ganz Deutschland gehört werden. Und da gibt es ein Problem: In der Politik liegen zwischen Reden und Handeln oft Welten. »Gebt die Kinder nicht auf!« war jahrelang ein gut klingender Slogan. Aber er muss mehr sein als das: Er muss zur Selbstverpflichtung einer ganzen Gesellschaft werden.

Momentan reicht es nicht mal fürs zuversichtliche Reden. Wer ehrlich ist, muss der taz-Redakteurin Ulrike Winkelmann beipflichten, die am 29. Mai 2022 im WDR-Presseclub feststellte, dass »die Landespolitiker:innen beschlossen haben, dass sie Bildung nicht mehr anfassen, weil man sich daran die Finger verbrennt«.

Eine anpackende Haltung jedoch ist entscheidende Voraussetzung für erfolgreiche Bildungspolitik. Stillhalten reicht nicht. Man muss sich bewusst sein, dass Bildung das wirkungsvollste Mittel der Demokratie gegen Verwerfungen und Anfechtungen ist. Sie leistet damit einen wesentlichen Beitrag, unseren Wohlstand zu garantieren. Wenn man das weiß, dann wird klar, warum jede Bildungsanstrengung entscheidend ist.

Doch dann kommen die Mühen der Ebene. Dort müssen hehre Ziele in handhabbares Tun übersetzt werden. Alle, die an der Entwicklung des Campus Rütli beteiligt waren und sind, zeigen, wie das gehen kann. Sie müssen nur gesehen und gehört werden. Vieles könnte man exemplarisch an und vom Campus Rütli lernen. Meine Frage an die Politik – und vielleicht auch Ihre – lautet: Warum tut man es nicht?

Literatur

DEUTSCHLAND – EIN BRENNPUNKT IN SACHEN BILDUNG
Die Pandemie bringt es an den Tag
- Bundesministerium für Arbeit und Soziales (Hrsg.): Hat sich die soziale Anerkennung von Berufsgruppen während der Corona-Pandemie verändert? 2020 f. Online: https://uni-tuebingen.de/fakultaeten/wirtschafts-und-sozialwissenschaftliche-fakultaet/faecher/fachbereich-sozialwissenschaften/soziologie/institut/personen/prof-dr-martin-gross/berufliche-anerkennung-im-kontext-der-corona-pandemie/erste-befunde-systemrelevanz/#c1347763 (06.07.2022)
- Schütz, Julia: Gerechte Bildungschancen in der Krise? In: Bundeszentrale für politische Bildung vom 20.10.2021. Online: https://www.bpb.de/lernen/digitale-bildung/werkstatt/342252/gerechte-bildungschancen-in-der-krise/ (06.07.2022)

Können wir uns 16 Schulsysteme leisten?
- Bitcom e.V.: Pressemitteilung »Digitalisierung der Schulen geht schleppend voran« vom 13.03.2020. Online: https://www.bitkom.org/Presse/Presseinformation/Digitalisierung-der-Schulen-geht-schleppend-voran (06.07.2022)
- Edelstein, Benjamin / Grellmann, Simone: Welche Sekundarschulen gibt es in Deutschland und welche Bildungsgänge werden dort unterrichtet? In: BpB online vom 29.09.2017. Online: https://www.bpb.de/themen/bildung/zukunft-bildung/256373/welche-sekundarschulen-gibt-es-in-deutschland-und-welche-bildungsgaenge-werden-dort-unterrichtet/ (06.07.2022)
- O. V.: »Ich soll etwas bewegen«. Ein Interview mit Astrid-Sabine Busse. In: taz online vom 07.02.2022. Online: https://taz.de/Berlins-neue-Schulsenatorin-Busse-SPD/!5830555/ (06.07.2022)

Der Fisch stinkt vom Kopf
- Senatsverwaltung für Bildung, Jugend und Familie (Hrsg.): Abschlussbericht zur Bildungsqualität (2020). Online: https://www.berlin.de/sen/bjf/service/presse/abschlussbericht_expertenkommission_6-10-2020.pdf (06.07.2022)
- Senatsverwaltung für Bildung, Jugend und Familie (Hrsg.): Pressemittei-

lung vom 07.10.2020 zur Vorstellung des Abschlussberichts zur Bildungsqualität. Online: https://www.berlin.de/sen/bjf/service/presse/presse-
archiv-2020/pressemitteilung.1001055.php (06.07.2022)

Der Untertan
- Mann, Heinrich: Der Untertan. Frankfurt 1996.
- Pausch, Randy / Zaslow, Jeffrey: Last Lecture. Die Lehren meines Lebens. München 2009. S. 173 ff.

Zwischen Struwwelpeter und Zappelphilipp
- Bundesministerium für Familie, Senioren, Frauen und Jugend (Hrsg.): Gewaltfreie Erziehung. Eine Bilanz nach der Einführung des Rechts auf gewaltfreie Erziehung. Berlin 2003.
- Friedrichs, Julia: Working Class. Warum wir Arbeit brauchen, von der wir leben können. München 2021.
- Kahneman, Daniel: Schnelles Denken, langsames Denken. München 2012. (bes. Teil III: Selbstüberschätzung)

RÜTLI 2006 – TERROR, HORROR, DIE HÄRTESTE SCHULE DES LANDES
Vom mythischen Ort zum Nicht-Ort
- Campus Rütli: Schulgeschichte. Online: https://campusruetli.de/gems-schulgeschichte/ (06.07.2022)
- Rütli-Oberschule (Hrsg.): Festschrift 75 Jahre Rütli-Schule. Berlin 1984.

Auf dem Abstellgleis
- Cohen, Bruce M. Z. / Muhamad-Brandner, Catharina: A school for scandal: Rütli high school and the German press. In: Morgan, George / Poynting, Scott (Hrsg.): Global Islamophobia. Muslims and Moral Panic in the West. London 2016. S. 15–33.
- Eggebrecht, Petra: Brief des Kollegiums der Rütli-Schule an die Senatsverwaltung Bildung Berlin (sog. Brandbrief) vom 28.02.2006. Online (Webarchiv): https://web.archive.org/web/20070927045406/http://www.ruetli-oberschule.de/downloads/iie3.1schulsituation.pdf (06.07.2022)

Im Brennglas
- Von Bullion, Constanze / Ramelsberger, Annette: Allein im Sog der Gewalt. Süddeutsche Zeitung vom 19.05.2006. Online: https://www.sueddeutsche.de/politik/die-ruetli-schule-in-berlin-neukoelln-allein-im-

sog-der-gewalt-1.885203-3 (hier falsch auf den 19.05.2010 datiert, 06.07.2022)
- Gößwald, Udo (Hrsg.): Neukölln macht Schule. 1968–2018. Berlin 2018.
- Gößwald, Udo (Hrsg.): Schulreform – Kontinuitäten und Brüche. Das Versuchsfeld Berlin-Neukölln 1912–1945. Opladen 1993.
- Gößwald, Udo (Hrsg.): Schulreform – Kontinuitäten und Brüche. Das Versuchsfeld Berlin-Neukölln 1945–1972. Opladen 1993.
- O. V.: Lehrer flehen: Schließt unsere Schule! In: Bild-Zeitung vom 30.03.2006. Online: https://www.bild.de/news/2006/schule-berlin-lehrer-gewalt-279766.bild.html (06.07.2022)
- Rentzow, Jan: Neuer Rektor an der Terror-Schule. Kriegt er die Gewalt in Griff? In: Bild-Zeitung vom 03.04.2006. Online: https://www.bild.de/news/2006/terror-schule-neuer-rektor-293214.bild.html (06.07.2022)
- O. V.: Haß-Randale an Berlins schlimmster Schule. In: B.Z. vom 31.3.2006. Online: https://www.bz-berlin.de/artikel-archiv/ha-randale-an-berlins-schlimmster-schule (06.07.2022)
- Weiland, Severin: Pakt gegen Gewalt. Von der Horrorpenne zur Vorzeigeschule. In: Der Spiegel vom 01.04.2006. Online: https://www.spiegel.de/lebenundlernen/schule/pakt-gegen-gewalt-von-der-horrorpenne-zur-vorzeigeschule-a-408976.html (06.07.2022)
- Wellgraf, Stefan: Hauptschüler. Zur gesellschaftlichen Produktion von Verachtung. Bielefeld 2012.

UND NUN? – WEGE ZUM NEUANFANG
Hidden Agendas

- Bebber, Werner van: Neuköllns Bürgermeister: Multi-Kulti ist gescheitert. In: Der Tagesspiegel vom 13.11.2004.
- Becker, Lisa: Heinz Buschkowsky: Klare Kante. In: Frankfurter Allgemeine Zeitung vom 10.12.2012.
- Buschkowsky, Heinz im Gespräch mit Christoph Heinemann: Rütli-Schule – »Zuckerbrot und Peitsche, das hat funktioniert«. In: Deutschlandfunk vom 15.12.2017.
- Buschkowsky, Heinz im Interview mit Elisabeth Niejahr: Intervention für Familie. In: Robert Bosch Stiftung (Hrsg.): Starke Familie – Solidarität, Subsidiarität und kleine Lebenskreise. Bericht der Kommission »Familie und demographischer Wandel«. Stuttgart 2009. S. 182–199.
- Buschkowsky, Heinz: »Praktiker stören meist nur«. In: Der Tagesspiegel vom 09.07.2006.
- Buschkowsky, Heinz: Neukölln ist überall. Berlin 2012.

- Häußermann, Hartmut: Die soziale Dimension unserer Städte – von der »Integrationsmaschine« zu neuen Ungleichheiten. In: Robert Bosch Stiftung (Hrsg.): Starke Familie – Solidarität, Subsidiarität und kleine Lebenskreise. Bericht der Kommission »Familie und demographischer Wandel«. Stuttgart 2009. S. 147–155.
- Rosbach, Jens / Wagener, Volker: Hilflos gegen die Gewalt. In: Deutschlandfunk vom 04.04.2006.
- Stiftung Zukunft Berlin: Modell Rütli. Online: https://www.stiftungzukunftberlin.eu/initiativen/modell-ruetli/ (06.07.2022)
- Thomsen, Jan: Der Ausländerbeauftragte. In: Berliner Zeitung vom 29.03.2005.

Wer kann es richten?

- Fabel-Lamla, Melanie: Professionalisierungspfade ostdeutscher Lehrer. Biographische Verläufe und Professionalisierung im doppelten Modernisierungsprozess. Wiesbaden 2004.
- Hochschild, Helmut / Stebe, Leon: Schule kann mehr. Podcast. Online: https://www.schule-kann-mehr.de/p-o-d-c-a-s-t-s/ (06.07.2022)
- Rosbach, Jens: Ostlehrer im Schul-Wandel. In: Deutschlandfunk vom 03.10.2008. Online: https://www.deutschlandfunk.de/ostlehrer-im-schul-wandel-100.html (06.07.2022)
- Schmidt, Caroline / Stark, Holger: Das System ist krank. Ein Gespräch mit Helmut Hochschild. In: Der Spiegel 49/2006. S. 54–58.
- Vieth-Entus, Susanne: »Es fehlen Konsequenzen bei Schlechtleistungen«. Ein Interview mit Helmut Hochschild. In: Der Tagesspiegel vom 08.10.2019. Online: https://www.tagesspiegel.de/berlin/schule/ruetli-retter-helmut-hochschild-im-interview-es-fehlen-konsequenzen-bei-schlechtleistungen/25092136.html (06.07.2022)

Lernen neu denken

- Reusser, Kurt: Kompetenzorientierung als Leitbegriff der Didaktik. In: Beiträge zur Lehrerinnen- und Lehrerbildung 3/2014. S. 325–339.

Die Sehnsucht nach dem Meer

- IHK Dresden (Hrsg.): Auswertung der DIHK-Ausbildungsumfrage 2014. Ergebnisse im Zuständigkeitsbereich der IHK Dresden. Online: https://www.dresden.ihk.de/servlet/link_file?link_id=34912&target=display&link_zusatz=&ref_detail=Pool&ref_knoten_id=5470&ref_sprache=deu (06.07.2022)

- *Saint-Exupéry, Antoine: Citadelle (dt. Die Stadt in der Wüste). Paris 2000 (erstmals veröffentlicht posthum 1948).*

RÜTLI FÜR ALLE – 20 FORDERUNGEN
Keine Failing Schools
- *Campus Efeuweg: Kommentar zum Kurzbericht zur Inspektion der Gemeinschaftsschule Campus Efeuweg 2012. Online: https://www. bildung.berlin.de/Schulverzeichnis/DokLoader.aspx?Schulinspektion=08K13_K_20180601.pdf (06.07.2022)*
- *Campus Efeuweg: Leitbild. Online: https://www.campus-efeuweg.de/der-campus/paedagogisches-leitbild/ (06.07.2022)*
- *Campus Rütli: Kommentar zum Kurzbericht zur Inspektion der Gemeinschaftsschule Campus Rütli 2012. Online: https://www. bildung.berlin.de/Schulverzeichnis/DokLoader.aspx?Schulinspektion=08K08_K_20120501.pdf (06.07.2022)*
- *Campus Rütli: Leitbild. Online: https://campusruetli.de/gems-schulkonzept/ (06.07.2022)*
- *Senatsverwaltung für Bildung, Jugend und Familie (Hrsg.): Kurzbericht zur Inspektion der Gemeinschaftsschule Campus Efeuweg 2018 [3 Jahre nach Campusstart]. Online: https://www.bildung.berlin.de/Schulverzeichnis/DokLoader.aspx?Schulinspektion=08K13_B_20180301_678.pdf (06.07.2022)*
- *Senatsverwaltung für Bildung, Jugend und Familie (Hrsg.): Kurzbericht zur Inspektion der Gemeinschaftsschule Campus Rütli 2012 [4 Jahre nach Campusstart]. Online: https://www.bildung.berlin.de/Schulverzeichnis/DokLoader.aspx?Schulinspektion=08K08_B_20120501_37.pdf (06.07.2022)*
- *Senatsverwaltung für Bildung, Jugend und Familie (Hrsg.): Kurzbericht zur Inspektion der Gemeinschaftsschule Campus Rütli 2018 [10 Jahre nach Campusstart]. Online: https://www.bildung.berlin.de/Schulverzeichnis/DokLoader.aspx?Schulinspektion=08K08_B_2080901_722.pdf (06.07.2022)*

Die Restschule hat ausgedient
- *Walter, Sven: Bärenstark oder Bärendienst für die Förderung. Bildung + Innovation vom 13.03.2003. Online: https://www.bildungsserver.de/innovationsportal/bildungplusartikel.html?artid=169 (06.07.2022)*

Miteinander lernen heißt fürs Leben lernen
- *Berliner Stiftungswoche (Hrsg.): In Verantwortung han-*

deln, nicht in Zuständigkeiten denken. Online: https://www.
berlinerstiftungswoche.eu/news/einzelansicht/?tx_news_
pi1%5Bnews%5D=80&cHash=a648ca1ad761f56c8fcefc1c3e691608
(06.07.2022)
- Pädagogische Werkstatt (Hrsg.): Und raus bist du?! 2021. Projektwoche
und Ausstellung zu Hanno Günther und der Rütligruppe. Online: https://
www.paedagogische-werkstatt.com/kulturelle-bildung/ausstellungsreihe/
und-raus-bist-du-2021/ (06.07.2022)
- Technische Jugendfreizeit- und Bildungsgesellschaft (tjfbg) gGmbH (Hrsg.):
Kinder- und Jugendclub DIE MANEGE. Online: https://www.tjfbg.de/aus-
serschulische-angebote/kinder-und-jugendzentren/manege (06.07.2022)

Inklusive Lebenserfahrung
- Anders, Florentine: Inklusion in der Schule – Vision und Wirklichkeit.
2022. Online: https://deutsches-schulportal.de/schulkultur/inklusion-ge-
winn-oder-gefahr/ (06.07.2022)
- Campus Rütli: Inklusion. Sonderpädagogische Förderung an der Gemeinschaftsschule. Online: https://campusruetli.de/gems-inklusion/
(06.07.2022)

Auf zwei Stühlen statt zwischen allen
- Campus Bildung im Quadrat gGmbH: Stipendium »Ein Quadratkilometer Bildung«. Online: https://paedagogische-werkstatt.com/stipendium/
(06.07.2022)
- Dapp, Teresa: Die gleichen Schüler mit neuen Perspektiven. In: Die
Zeit vom 27.02.2014. Online: https://www.zeit.de/gesellschaft/schu-
le/2014-02/ruetli-schule-berlin-brandbrief/komplettansicht (06.07.2022)
- Mehlhorn, Grit: Herkunftssprachen im deutschen Schulsystem. In: Fremdsprachen lehren und lernen 1/2017. S. 43–55.
- Statistisches Bundesamt (Hrsg.): Bevölkerung und Erwerbstätigkeit. Bevölkerung mit Migrationshintergrund. Ergebnisse des Mikrozensus 2021.
Wiesbaden 2022.
- Zinner, Florian: Arabischunterricht in Deutschland. Hoher Bedarf, zu
wenig Lehrkräfte. In: Deutschlandfunk vom 21.12.2020. Online: https://
www.deutschlandfunk.de/arabischunterricht-in-deutschland-hoher-bedarf-
zu-wenig-100.html (06.07.2022)

Glauben und Zweifeln
- IBiM e.V. (Hrsg.): Mehr als eine Perspektive. Handreichung zum Projekt-

kurs Naher Osten. Erfahrungen aus zwei Jahren Arbeit zum Nahostkonflikt an einer Neuköllner Gemeinschaftsschule. Berlin 2020.

- Nolte, Tobias / Paschotta, Giorgio: Vorstellung des Zusatzkurses »Glauben und Zweifeln«. In: Senatsverwaltung für Bildung, Jugend und Familie (Hrsg.): Fachbrief Nr. 40. Themenschwerpunkt: Islamfeindlichkeit und Islamismus – Konsequenzen für die politische Bildung an Schulen. Berlin 2021. S. 8–12.

Yes we can

- Bredthauer, Stefanie / Gantefort, Christoph / Marx, Nicole / Woerfel, Till: Individuelle Mehrsprachigkeit (Basiswissen sprachliche Bildung des Mercator-Instituts für Sprachförderung und Deutsch als Zweitsprache. Köln 2021.
- IBiM e.V. (Hrsg.): Mehr als eine Perspektive. Handreichung zum »Projektkurs Naher Osten«. Erfahrungen aus zwei Jahren Arbeit zum Nahostkonflikt an einer Neuköllner Gemeinschaftsschule. Berlin 2020.
- Nolte, Tobias / Paschotta, Giorgio: Vorstellung des Zusatzkurses »Glauben und Zweifeln«. In: Senatsverwaltung für Bildung, Jugend und Familie (Hrsg.): Fachbrief Nr. 40. Themenschwerpunkt: Islamfeindlichkeit und Islamismus – Konsequenzen für die politische Bildung an Schulen. Berlin, 2021. S. 8–12.

Vom Lern- zum Lebensort

- Campus Bildung im Quadrat gGmbH (Hrsg.): Mehr als 2 Seiten. Comic. Berlin, 2020. Online: https://mehrals2seiten.de/ (06.07.2022) (Projektseite und Comic-Download)
- Campus Rütli (Hrsg.): Rückblick. Preisverleihung zum Helga-Moericke-Preis vom 19. Januar 2022. Online: https://campusruetli.de/preisverleihung-helga-moericke-preis/ (06.07.2022)
- PartiTour7 (im Auftrag der Senatsverwaltung für Bildung, Wissenschaft und Forschung): Campus Rütli Neukölln von Berlin, Beteiligungsverfahren zu den städtebaulichen Freiflächenstrukturen, 11.–13.03.2008. Online: https://docplayer.org/57597384-Campus-ruetli-neukoelln-von-berlin-beteiligungsverfahren-zu-den-staedtebaulichen-freiflaechenstrukturen-dokumentation.html (06.07.2022)
- Tacke, Oliver: 10 Irrtümer zum Einsatz digitaler Medien in der Schule (über einen Vortrag von Christian Spannagel). 09.10.2014. Online: https://www.olivertacke.de/2014/10/09/10-irrtuemer-zum-einsatz-digitaler-medien-in-der-schule/ (06.07.2022)

Hauptsache Nebensache

- German Toilet Association (Hrsg.): Siegerkonzept der Teltow-Grundschule Berlin Schöneberg. Online: https://media.germantoilet.org/pages/schulen/ toiletten-machen-schule/2399959919-1564741433/tms_konzept-132_ teltow-grundschule_kopie.pdf (06.07.2022)
- German Toilet Association: Wettbewerb Toiletten machen Schule. Online: https://www.germantoilet.org/de/schulen/toiletten-machen-schule (06.07.2022)
- Montag Stiftung Jugend und Gesellschaft (Hrsg.): Pädagogische Architektur. Online: https://www.montag-stiftungen.de/handlungsfelder/paedagogische-architektur (06.07.2022)
- Schröder, Axel / van Laak, Claudia: Sanierungsstau an Schulen. In: Deutschlandfunk vom 25.12.2017. Online: https://www.deutschlandfunk. de/sanierungsstau-an-schulen-wenn-der-putz-von-den-waenden-100.html (06.07.2022)
- Spiewak, Martin: Wie wird denn hier gebaut? Endlich anders. In: Die Zeit vom 09.08.2021. Online: https://www.zeit.de/2021/32/schulbau-corona-schule-architektur-paedagogik-digitalisierung/komplettansicht (06.07.2022)

Wer hat an der Uhr gedreht?

- Dieckmann, Cordula: Das Grauen um 8 Uhr morgens. In: Bayerische Staatszeitung vom 08.10.2019. Online: https://www.bayerische-staatszeitung.de/staatszeitung/leben-in-bayern/detailansicht-leben-in-bayern/ artikel/das-grauen-um-8-uhr-morgens.html#topPosition (06.07.2022)
- Kika (Hrsg.): Schule leben. Exklusivbefragung zum KiKA-Themenschwerpunkt 2019. Online: https://www.kika.de/erwachsene/begleitmaterial/ themenschwerpunkte/schule-leben/ergebnisse-befragung100-download.pdf (06.07.2022)
- Kuhn, Annette: Sollte der Unterricht morgens nach 8 Uhr beginnen? In: Deutsches Schulportal vom 25.10.2019. Online: https://deutsches-schulportal.de/schulkultur/unterrichtsbeginn-zeitumstellung-sollte-der-unterricht-morgens-spaeter-als-8-uhr-beginnen/ (06.07.2022)
- O. V.: Schlafforscher fordern späteren Schulbeginn. Ärzteblatt vom 21.06.2017. Online: https://www.aerzteblatt.de/nachrichten/76480/ Schlafforscher-fordern-spaeteren-Schulbeginn (06.07.2022)
- Vogt, Silvia: Lernen wie im Halbschlaf. In: Der Tagesspiegel vom 19.04.2016. Online: https://www.tagesspiegel.de/berlin/schule/ schulbeginn-am-morgen-lernen-wie-im-halbschlaf/13465874.html (06.07.2022)

Ideen ermöglichen, Innovation fördern

• Carle, Ursula im Gespräch mit Sandra Pfister: Jahrgangsübergreifendes Lernen: »Einen gewissen Freiheitsgrad bei den Schulen belassen«. In: Deutschlandfunk vom 04.05.2019. Online: https://www.deutschlandfunk.de/jahrgangsuebergreifendes-lernen-einen-gewissen-100.html (06.07.2022)
• Europäische Kommission (Hrsg.): Supporting School Innovation Across Europe. Final Report to DG Education and Culture of the European Commission. Brüssel 2018. Online: https://www.schooleducationgateway.eu/downloads/innovation/Innovation%20Study.pdf (06.07.2022)
• Klippert, Heinz: Pädagogische Schulentwicklung. Weinheim 2000.

Weniger Vorschriften, mehr Eigenverantwortung

• Busemann, Bernd / Oelkers, Jürgen / Rosenbusch, Heinz (Hrsg.): Eigenverantwortliche Schule – ein Leitfaden. Konzepte, Wege, Akteure. Köln 2007.
• Duveneck, Thomas: Die eigenverantwortliche Schule – vom Kopf auf die Füße. 2017. Online: https://ibs-verband.de/files/pdf-dateien/duveneck2017.pdf (06.07.2022)
• Goes, Sanna: Eigenverantwortliche Schulbudgets beschleunigen die Schuldigitalisierung. Online: https://just-school.de/digitale-schule/7-erkenntnisse-der-pandemie-teil2-eigenverantwortliche-schulbudgets-beschleunigen-die-schuldigitalisierung (06.07.2022)

Sprachrohr der Schulen

• Hür, Kemal: Abitur am Campus Rütli. In: Deutschlandfunk vom 02.07.2014. Online: https://www.deutschlandfunk.de/berlin-abitur-am-campus-ruetli-100.html (06.07.2022)
• Posener, Alan: Die Israelis konnten nirgendwo ohne Polizeischutz hingehen. In: Die Welt vom 13.12.2019. Online: https://www.welt.de/print/welt_kompakt/print_politik/article204275776/Die-Israelis-konnten-nirgendwo-ohne-Polizeischutz-hingehen.html (06.07.2022)
• Rahmenlehrplan Berlin. Teil B. 2015. Online: https://bildungsserver.berlin-brandenburg.de/fileadmin/bbb/unterricht/rahmenlehrplaene/Rahmenlehrplanprojekt/amtliche_Fassung/Teil_B_2015_11_10_WEB.pdf (06.07.2022)
• Reich, Anja: Reisebericht: Wenn 15 Schüler der Neuköllner Rütli-Schule in Berlin nach Israel reisen. In: Berliner Zeitung vom 12.06.2019. Online: https://www.berliner-zeitung.de/mensch-metropole/reisebericht-wenn-15-schueler-der-neukoellner-ruetli-schule-in-berlin-nach-israel-reisen-li.60886 (06.07.2022)

Über den Tellerrand

- Anders, Florentine: So funktioniert das Schulsystem in der Ukraine. In: Das Deutsche Schulportal vom 01.04.2022. Online: https://deutsches-schulportal.de/bildungswesen/so-funktioniert-das-schulsystem-in-der-ukraine/ (06.07.2022)
- BPB (Hrsg.): Öffentliche Bildungsausgaben. 01.11.2019. Online: https://www.bpb.de/kurz-knapp/zahlen-und-fakten/europa/135809/oeffentliche-bildungsausgaben/ (06.07.2022)
- Brand, Alexander: Estland, ein PISA-Paradoxon. In: Bildungsweltmeister-Blog vom 03.11.2020. Online: https://alexanderbrand.de/pisa-paradoxon/ (06.07.2022)
- Brand, Alexander: Finnland: Eine Lehrerausbildung der anderen Art. In: Bildungsweltmeister-Blog vom 22.09.2021. Online: https://alexanderbrand.de/finnland-lehrerausbildung/ (06.07.2022)
- EAS (Hrsg.): E-Estonia. Online: https://e-estonia.com/ (06.07.2022)
- Hermann, Rudolf: Das finnische Bildungssystem – ein Wunder? In: Neue Zürcher Zeitung vom 06.01.2020. Online: https://www.nzz.ch/international/das-finnische-bildungssystem-ein-wunder-ld.1526138 (06.07.2022)
- Link, Judith Maria: Schichttypische Benachteiligung im allgemeinen Bildungswesen: Ein Vergleich zwischen Kanada und Deutschland. Wiesbaden 2011. Besonders S. 234–241.
- O. V.: Der Vergleich mit Kanada ist aufschlussreich. In: Frankfurter Allgemeine Zeitung vom 20.03.2008. Online: https://www.faz.net/aktuell/feuilleton/politik/der-vergleich-mit-kanada-ist-aufschlussreich-1517020.html (06.07.2022)
- O. V.: Ukrainische Konsulin lehnt Integration der Flüchtlingskinder ins deutsche Schulsystem ab – zu schlecht, zu fremd. In: news4teachers vom 19.03.2022. Online: https://www.news4teachers.de/2022/03/ukrainische-konsulin-lehnt-integration-der-fluechtlingskinder-ins-deutsche-schulsystem-ab-zu-schlecht-zu-fremd/ (06.07.2022)
- OECD (Hrsg.): Programme for International Student Assessment (PISA). Country Note: Ukraine. Results from PISA 2018. Online: https://www.oecd.org/pisa/publications/PISA2018_CN_UKR.pdf (06.07.2022)
- Reiss, Kristina / Weis, Mirjam / Klieme, Eckhard / Köller, Olaf (Hrsg.): Grundbildung im internationalen Vergleich. Zusammenfassung. Münster 2019. Online: https://www.pisa.tum.de/fileadmin/w00bgi/www/Berichtsbaende_und_Zusammenfassungungen/Zusammenfassung_PISA2018.pdf (06.07.2022)

- Visit Estonia. Online: https://www.visitestonia.com/de/uber-estland/12-digitale-anwendungen-in-e-estonia (06.07.2022)

Menschen, keine Nummern

- Barke, Werner: Churchill: »Ich glaube nur der Statistik, die ich selbst gefälscht habe«. Statistisches Landesamt Baden-Württemberg, Monatsheft 11/2004. S. 50–53.
- Kultusministerkonferenz: Schulstatistik. Online: https://www.kmk.org/dokumentation-statistik/statistik/schulstatistik.html (06.07.2022)
- Möller, Gerd: Zur Diskussion: Gegen »blinde Flecken« – Warum wir Schulstatistik, Vergleichsarbeiten und zentrale Prüfungen brauchen. In: news4teachers vom 06.04.2019. Online: https://www.news4teachers.de/2019/04/zur-diskussion-gegen-blinde-flecken-warum-wir-schulstatistik-vergleichsarbeiten-und-zentrale-pruefungen-brauchen (06.07.2022)

Buddys für Schulleiter:innen

- Meyer, Laurin: Lehrer – und dann? In: Der Tagesspiegel vom 17. Juni 2019. Online: https://www.tagesspiegel.de/wirtschaft/beruf-schulleiter-lehrer-und-dann/24455660.html (06.07.2022)

Mit Hattie auf dem Campus

- Hattie, John: Lernen sichtbar machen. Baltmannsweiler 2013. (Original: Visible learning, 2009)
- Hattie, John: Don't be a hero. In: Leader Magazine 10/2017. Online: http://www.leadermagazine.co.uk/articles/dont_be_a_hero/ (Zitat aus eigener Übersetzung, 06.07.2022)
- Zierer, Klaus (für Konrad-Adenauer-Stiftung): Kernbotschaften aus John Hatties »Visible Learning«. Sankt Augustin / Berlin 2015. Online: https://www.kas.de/c/document_library/get_file?uuid=c943ad48-df39-d2f1-aa54-80d5f432815a&groupId=252038 (06.07.2022)

Neue Lehrer:innen braucht das Land

- Bertelsmann-Stiftung u. a.: Monitor Lehrerbildung. Online: https://www.monitor-lehrerbildung.de (06.07.2022)
- Boberg, Petra / von Castell, Frederik: Kultusminister mit falschen Zahlen? In: Tagesschau online vom 16.01.2020. Online: https://www.tagesschau.de/faktenfinder/lehrermangel-prognosen-geschoent-101.html (06.07.2022)

- Deutscher Bildungsserver: Lehrerbedarf und Lehrerbedarfsprognosen: Welche Lehrer werden in den Bundesländern gebraucht? Online: https://www.bildungsserver.de/lehrerbedarf-und-lehrerbedarfsprognosen-in-den-bundeslaendern-5530-de.html#Bayern (06.07.2022)
- König, Jürgen / Jahn, Thekla / van Laak, Claudia: Im Gruselkabinett Bildungspolitik. In: Deutschlandfunk vom 22.07.2022. Online: https://www.deutschlandfunk.de/der-politikpodcast-folge-269-im-gruselkabinett-bildungspolitik-dlf-3e390b39-100.html (29.07.2022)

Ein Dorf, um ein Kind zu erziehen

- Campus Rütli (Hrsg.): CR² Konzept. 26.05.2009. Online: http://campusruetli.de/wp-content/uploads/2020/07/CR%C2%B2-Konzept_26Mai2009.pdf (06.07.2022)
- Campus Rütli (Hrsg.): Unsere Lernreise – Portfolioarbeit an unserer Schule. Eine Handreichung für Pädagoginnen und Pädagogen der Gemeinschaftsschule auf dem Campus Rütli. Online: http://campusruetli.de/wp-content/uploads/2020/07/GemS-CR2-Portfolio-Handreichung-2015.pdf (06.07.2022)
- Heinz und Heide Dürr Stiftung (Hrsg.): Early Excellence. Online: https://www.heinzundheideduerrstiftung.de/earlyexcellenceansatz (06.07.2022)
- Senatsverwaltung für Bildung, Jugend und Familie (Hrsg.): Landesprogramm Stadtteilmütter. Online: https://www.berlin.de/sen/jugend/familie-und-kinder/familienfoerderung/stadtteilmuetter/ (06.07.2022)
- Stiftung Ein Quadratkilometer Bildung (Hrsg.): Stiftungsauftrag. Online: https://www.km2-bildung.de/ (06.07.2022)

Ein bisschen Frieden

- Anger, Thorsten: Was bedeutet und wie wichtig ist der »Schulfrieden«? Zur Lösung religiöser Konflikte in der Schule. In: Kritische Vierteljahresschrift für Gesetzgebung und Rechtswissenschaft 1/2005. S. 52–66.
- Jungkamp, Burkhard u. a.: Deutschland braucht einen neuen Bildungsstaatsvertrag. In: Die Zeit online vom 10.01.2018. Online: https://www.zeit.de/gesellschaft/schule/2018-01/bildungsfoederalismus-zentralismus-chancengleichheit-zentralabitur-bildungspolitik (06.07.2022)
- NDR (Hrsg.): Volksentscheid Hamburg: Egoismus macht Schule. In: Panorama vom 22.07.2010. Online: https://daserste.ndr.de/panorama/archiv/2010/Volksentscheid-Hamburg-Egoismus-macht-Schule,panoramavolksentscheid100.html (06.07.2022)
- WDR (Hrsg.): »Hirschhausen – Corona ohne Ende?« In: Hart aber fair vom

06.12.2021. Online: https://www1.wdr.de/daserste/hartaberfair/videos/
video-corona-und-kein-ende-wie-gross-ist-der-ganze-schaden-102.html
(06.07.2022)

BILDUNG – DIE WICHTIGSTE WAFFE. EIN SEHR PERSÖNLICHES FAZIT
Von Dahlem nach Neukölln

• Senatsverwaltung für Wissenschaft, Gesundheit, Pflege und Gleichstellung
Berlin (Hrsg.): Gesundheits- und Sozialstrukturatlas. Berlin 2022. Online:
https://www.berlin.de/sen/gesundheit/_assets/service/gesundheitsbericht-
erstattung/gesundheit-und-sozialstruktur/gssa-2022.pdf (06.07.2022)

Ein Projekt ohne Blaupause

• GEW (Hrsg.): Mit steigender Führungsebene sinkt der Frauenanteil.
29.05.2018. Online: https://www.gew.de/aktuelles/detailseite/mit-steigen-
der-fuehrungsebene-sinkt-der-frauenanteil (06.07.2022)
• Vieth-Enthus, Susanne: Eine Blaupause. In: Potsdamer Neueste Nachrichten vom 31.03.2016. Online: https://www.pnn.de/ueberregionales/zehn-
jahre-ruetli-eine-blaupause/21440686.html (06.07.2022)

Erfolg hat drei Buchstaben: T U N

• WDR (Hrsg.): Grüne Erfolge, schwarze Träume: Ampel unter Druck? In:
Presseclub vom 29.05.2022. Online: https://www1.wdr.de/daserste/presse-
club/sendungen/aufwind-gruene-100.html (Zitat von Minute 31:25)

Impressum

© 2023 GRÄFE UND UNZER VERLAG GmbH,
Postfach 860366, 81630 München

EDITION

Gräfe und Unzer ist eine eingetragene Marke der GRÄFE UND UNZER
VERLAG GmbH, www.gu.de

ISBN 978-3-8338-8128-2
1. Auflage 2023

Projektleitung: Angela Gsell
Lektorat: Judith Heisig
Umschlaggestaltung: Ki36 Editorial Design, München, Bettina Stickel
Covermotiv: smartboy10, Getty Images
Herstellung: Markus Plötz
Satz und Innenlayout: Björn Fremgen, Kontraste – Graphische Produktion
Repro: Ludwig Media, Zell am See
Druck und Bindung: Livonia, Riga

Umwelthinweis: Dieses Buch ist auf PEFC-zertifiziertem Papier gedruckt.
PEFC garantiert, dass Holz- und Papierprodukte aus nachhaltig
bewirtschafteten Wäldern stammen.

Wichtiger Hinweis: Verwendete Schüler:innennamen sind stets
Pseudonyme.

Die GU-Homepage finden Sie unter www.gu.de

 www.facebook.com/gu.verlag

Ein Unternehmen der
GANSKE VERLAGSGRUPPE